Ueli Tobler **Elemente des Lebens** Ethik zwischen Natur und Markt

T0122509

T V Z

Ueli Tobler

Elemente des Lebens

Ethik zwischen Natur und Markt

Johann H. Sonderegger, Illustrationen

T V Z
Theologischer Verlag Zürich

Diese Publikation verdankt sich der ökumenischen Zusammenarbeit folgender Institutionen:
- Schweizerische Reformierte Arbeitsgemeinschaft Kirche und Landwirtschaft SRAKLA
- Schweizerischer Verband Katholischer Bäuerinnen SVKB
- Schweizerische Katholische Bauernvereinigung SKBV
- Schweizerischer Landfrauenverband SLFV
- Sorgentelefon für Bäuerinnen, Bauern und ihre Angehörigen der deutschsprachigen Schweiz: Sorgentelefon CH – 041 820 02 15
  www.bauernfamilie.ch
  www.landwirtschaftliche-familienberatung.de

Wir danken der Reformierten Kirche Bern-Jura für grosszügige Unterstützung.

Illustrationen: Johann H. Sonderegger
Layout und Satz: undercover, Augsburg
(www.undercover-medien.de)
Druck: Rosch-Buch, Scheßlitz
(www.rosch-buch.de)

Die Deutsche Bibliothek – Bibliographische Einheitsaufnahme

Die Deutsche Bibliothek verzeichnet diese Publikation in der Deutschen Nationalbibliographie; detaillierte bibliographische Daten sind im Internet über **[http://dnb.ddb.de]** abrufbar.

ISBN 3-290-17295-3

Vorwort

Das menschliche Leben ist Teil der Natur. Es lebt in und von den Elementen, die diese Natur ausmachen. Nach alter Tradition gelten Erde, Wasser, Licht und Luft als Elemente der Schöpfung.

Das Anliegen dieses Buches ist es, Bausteine für eine Ethik des Land-Wirtens und der Landwirtschaft zusammen zu tragen. Diese „Ethik zwischen Markt und Natur" richtet sich nicht nur an Menschen, die in der Landwirtschaft tätig sind, sondern an all jene, die in irgendeiner Weise mit den Produkten des Landwirtschaftens in Berührung kommen – und wer könnte sich hier ausnehmen? Es richtet sich also an Bürgerinnen und Konsumenten, an Politikerinnen und Freunde der Natur.

Wir leben in einer Zeit schnellen Wandels und der Verunsicherung, die nach Orientierung, nach Wegweisern fragt. Welches sind die grundlegenden Werte, die unser Wirtschaften steuern? Wie gehen wir mit den Elementen des Lebens um? Welches sind die Zusammenhänge, die dabei beachtet sein wollen? Was bedeuten uns Begriffe wie Gerechtigkeit und Schöpfung?

Als Autor hoffe ich, dieses Büchlein trage dazu bei, dass
- im persönlichen Umfeld mutiger nach Werten und Zusammenhängen gefragt wird;
- in der Landwirtschaft die ethischen und sozialen Fragen direkter aufgegriffen werden;
- man in der landwirtschaftlichen Aus- und Weiterbildung über ethische und soziale Fragen diskutiert;
- in Kirche und Gesellschaft ein vertieftes Verständnis für die Bauernfamilien gewonnen wird;
- im Spannungsfeld Ökonomie – Ökologie nicht so schnell und abwertend geurteilt wird; dass man also die betroffenen Menschen und die betroffene Umwelt vor Augen behält;
- Kirche und Gesellschaft, Ökonomie und Ökologie, Stadt und Land einander wieder näher kommen.

Blicke ich zurück, so staune ich, welchen Weg ich geführt wurde: vom Stadtkind zum Landpfarrer, vom Landpfarramt zu den Fragen der (Land-) Wirtschaft und zur Leitung des

Sorgentelefons für Bäuerinnen und Bauern und durch die Seelsorgearbeit zur „Ethik zwischen Natur und Markt". Wie vielen Menschen bin ich begegnet, von denen ich gelernt habe, die mich begleiten und ermutigen! Ihnen allen möchte ich meinen Dank aussprechen. Namentlich genannt seien folgende Personen und Institutionen:

- An erster Stelle steht Elisabeth, meine Frau, eine Bauerntochter und heute Pfarrerin in Biel-Stadt. Sie hat meine Arbeit unterstützt und sehr kritisch durchgesehen.
- Unseren Kindern Maria, Philipp und Michael mit ihren Berufserfahrungen als Lehrerin, Servicefachangestellter und Landwirt/Kaufmann habe ich viel zu verdanken.
- Die Zusammenarbeit mit dem Illustrator Johann H. Sonдеregger war spannend; er hat Worte und Gedanken in aussagekräftige Bilder übertragen.
- Den Vorstandsmitgliedern der SRAKLA und dem Team vom Sorgentelefon danke ich für wertvolle Anregungen.
- Seit genau 27 Jahren lebe und arbeite ich in den Seeländer Dörfern Müntschemier, Treiten und Brüttelen. In diesen Jahren habe ich von den Seeländerinnen und Seeländern viel gelernt über Landwirtschaft und Gewerbe, über Ökonomie und Ökologie, über Gemeinschaft und Einsamkeit. Die direkte und praktische Art zu denken, zu reden und zu handeln ist mir vertraut geworden.
- Vor zwei Jahren ermöglichten mir die Kirchgemeinde Ins und die Bernische Kirchendirektion die Reduktion der Gemeindearbeit auf 80 %. So entstand der Freiraum für die Arbeit der SRAKLA, des Sorgentelefons und für die „Elemente des Lebens".
- Begegnungen mit Menschen aus andern Kulturen, darunter viele Bäuerinnen und Bauern, haben meinen Blick über die Grenzen der Schweiz hinausgelenkt.
- Urs Kormann, ein ehemaliger Konfirmand, hat mir den nötigen Nachhilfeunterricht in Biologie gegeben.
- Konrad Tobler, Kulturredaktor bei der Berner Zeitung, verdanke ich wertvolle fachliche und brüderliche Unterstützung.
- Matthias Haldimann, Computeria GmbH, Müntschemier, hat die Arbeit in technischer Hinsicht gefördert.
- Dem Theologischen Verlag Zürich TVZ und seinem Leiter.

Ueli Tobler, Müntschemier, 4. Oktober 2003

Inhalt

Thesen und Fakten   152

Grundsätzliches

Der Sonnengesang des Franziskus von Assisi

Gelobt seist du, mein Gott,
mit allen deinen Geschöpfen:
besonders mit der Schwester Sonne,
die uns den Tag schenkt durch ihr Licht.
Und schön ist sie und strahlend in
grossem Glanze:
dein Sinnbild, Höchster!

Gelobet seist du, mein Gott,
durch Bruder Mond und die Sterne;
du schufest sie, dass sie funkeln am Himmel
kostbar und schön.

Gelobet seist du, mein Gott,
durch Bruder Wind und die Luft,
durch wolkiges und heiteres und jedes Wetter,
wodurch du belebst, was du erschufst.

Gelobet seist du, mein Gott,
durch Schwester Quelle,
gar nützlich ist sie, demütig, kostbar und rein.

Gelobet seist du, mein Gott,
durch Bruder Feuer,
durch den du uns leuchtest in der Nacht.
Und schön ist es und fröhlich und
gewaltig und stark.

Gelobet seist du, mein Gott,
durch unsere Mutter Erde,
die uns ernährt und erhält,
viele Früchte hervorbringt und
bunte Blumen und Kräuter.

Die Botschaft des Franziskus von Assisi:
- der Mensch ist Teil der Schöpfung
- die Lebens-Elemente sind unsere Brüder und Schwestern

Da steht der Mensch

Pflanzen brauchen gute Wurzeln, um Dürre, Frost und Stürmen standzuhalten.

Der menschliche Körper bildet keine Wurzeln, die festwachsen; er hat Beine, um sich zu bewegen. Im Erschrecken oder Staunen aber bleiben Menschen „wie angewurzelt" stehen.

Seele und Geist des Menschen sind den Pflanzen gleich – sie brauchen Wurzeln.

- Heimat – eine Landschaft, die mir vertraut ist
- Familie, Freunde – Menschen, die ich gern habe
- Muttersprache – die Sprache meiner Eltern
- Beruf – eine Arbeit, die mir Lebenssinn zeigt
- Werte – die mir Halt und Orientierungshilfe geben

Die heutige Wirtschaft geht davon aus, dass Geist und Seele zu gebrauchen seien wie zwei Beine, die sich so bewegen, wie die Marktgesetze sie kommandieren.

Im Gegensatz dazu fragt diese Ethik:
- Was trägt dazu bei, dass Geist und Seele Wurzeln bilden können?
- Was bedeutet das Land und seine „Bewirtung" für unsere Gesellschaft?
- Welche Werte zählen zwischen Natur und Markt?

Diese Ethik hat ihre Wurzeln
- im christlichen Glauben; in der Bibel
- in der ökumenischen Zusammenarbeit
- in der Spannung zwischen Natur und Markt

Weltweite Weisheit

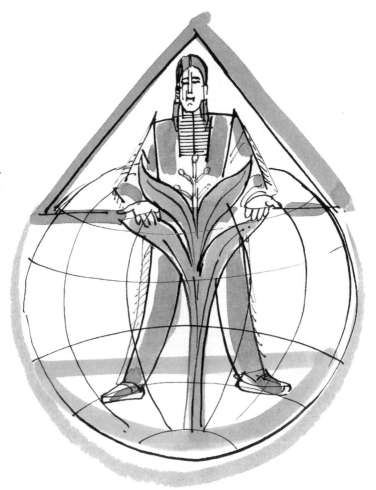

Verbundenheit mit der Schöpfung finden wir in allen Völkern und Religionen.

Hier ein Beispiel indianischer Weisheit:

**Jeden Tag
die Erde mit den Füssen berühren
am Feuer sich wärmen
ins Wasser fallen
und von der Luft gestreichelt sein**

**Wissen ein Tag ohne die vier
Schwester Wasser und Bruder Feuer
Mutter Erde und Vater Himmel
ist ein verrotteter Tag**

**Ein Tag im Krieg
den wir gegen alles führen**

„Weltweite Weisheit" aufnehmen heisst fragen:
- Wie geht es den Menschen in (nicht-)landwirtschaftlichen Berufen?
- Wie geht es den Bäuerinnen und Bauern in der EU?
- Wie geht es den Menschen in Entwicklungsländern, wo der Anteil der landwirtschaftlichen Bevölkerung weit höher ist als bei uns?
- Welche Werte haben andere Kulturen? Haben wir gemeinsame Werte, Hoffnungen, Ängste?
- Ist das, was für uns gut ist, auch gut für die Menschen in Entwicklungsländern?
- Ist es für die Zukunft der Erde und ihrer Lebewesen gut, wenn Europa oder Nordamerika andern Kulturen ihren Lebensstil aufdrängen?

Mit dem Land wirten

„Mit dem Land wirten" umfasst mehr als Landwirtschaft:

**So leben und arbeiten
und so die Freizeit gestalten,
dass viel Raum bleibt für das Lebendige:
die Natur und ihre Gestaltung,
Tiere und Pflanzen.
Das Lebendige hat seinen eigenen Rhythmus;
sich um Lebendiges zu kümmern ist zeitlich
aufwendig.**

Menschen, die mit dem Land wirten, sind zum Beispiel auch:
- der Arbeiter, der Kaninchen hält;
- die Verkäuferin, die ihren Garten pflegt;
- der Manager, der in der Alphütte übernachtet;
- der Schreiner, der einheimisches Holz verarbeitet;
- der Händler, der landwirtschaftliche Produkte aus der Region vermarktet;
- die Studentin, die ihrer Familie auf dem Bauernhof hilft;
- die Hausfrau, die Saison-gerecht einkauft;
- der Computerspezialist, der Zeit und Geld in sein Rustico investiert;
- der Jäger, der den Wald hegen und den Wildbestand kontrollieren hilft.

Sie alle haben, in Beruf oder Freizeit, eine intensive Beziehung zum Land – sie wirten mit dem Land. Für Landwirt und Bäuerin ist das Wirten mit dem Land Alltag und Lebensunterhalt.

Auch Bäuerin und Landwirt können ihre Wurzeln und ihren Bezug zur Natur verlieren. Der zunehmende Druck des Marktes vergrössert diese Gefahr.

Die Landwirtschaft

Landwirtschaft ist das Rückgrat des Wirtens mit dem Land.
- Der Kaninchenzüchter braucht Stroh.
- Die Hobbygärtnerin braucht einen Traktor mit Anhänger, um Schnittholz zu entsorgen.
- Der Wanderer braucht begehbare Wege und eine bewohnte Alphütte.
- Die Hobbyköchin kauft an einem Märit-Stand ein mit „gluschtigem" Angebot und kompetenter Bedienung.

Die Landwirtschaft produziert nicht nur Nahrungsmittel – sie hat viele und vielfältige Aufgaben. Das Fremdwort dafür heisst: „Multifunktionalität". Diese Multifunktionalität ist in Art. 104 der schweiz. Bundesverfassung festgehalten:

[1] Der Bund sorgt dafür, dass die Landwirtschaft durch eine nachhaltige und auf den Markt ausgerichtete Produktion einen wesentlichen Beitrag leistet zur:
a. sicheren Versorgung der Bevölkerung;
b. Erhaltung der natürlichen Lebensgrundlagen und zur Pflege der Kulturlandschaft;
c. dezentralen Besiedlung des Landes.

Wirten mit dem Land leistet einen Beitrag zur Kultur.

Das Wort „Kultur" kommt vom lateinischen „colere" und hat folgende Bedeutungen:
- Ackerbau betreiben
- bebauen, bearbeiten
- wohnen, bewohnen
- Sorge tragen, schmücken
- verpflegen
- üben, pflegen, bewahren, hochhalten
- verehren, anbeten, heilig halten, huldigen
- feiern

Der Wandel – das Einzige, was bleibt

Der Wandel gehört auch zum Wirten mit dem Land:

- Im Konflikt zwischen **Kain und Abel** spiegelt sich der Konflikt zwischen nomadisierenden Hirten und sesshaften Ackerbauern.
- **Noah** beginnt mit dem Weinbau.
- **Abraham** zieht im hohen Alter fort aus dem Land seiner Väter in ein unbekanntes Land.
- Die **Römer** bringen neue Kulturpflanzen in die heutige Schweiz.
- Durch die **Entwicklung von Labkäse** im Hochmittelalter lässt sich Käse konservieren und exportieren; in höher gelegenen Gebieten wird auf den unrentablen Anbau von Getreide verzichtet.
- Dank neuen Erkenntnissen im Ackerbau wird Ende des 18. Jahrhunderts die komplizierte **Dreifelderwirtschaft** aufgegeben; der Wald wird nicht mehr als Weide genutzt.
- Wegen des neu eingeführten **Kartoffelanbaus** gibt es seit 1816 in der Schweiz keine grosse Hungersnot mehr.
- In der zweiten Hälfte des 19. Jahrhunderts geht in weiten Teilen des Mittellandes der Getreidebau stark zurück. Grund dafür sind neue technische Verkehrsmittel wie **Eisenbahn und Dampfschiff**. Billiges Getreide wird importiert. Neu entstehen Käsereien und Obstbaumkulturen.
- Moderne **Maschinen** lösen im Laufe des 20. Jahrhunderts tierische und menschliche Arbeitskraft ab.
- Seit Ende des 20. Jahrhunderts werden neue **ökologische Erkenntnisse** in der Landwirtschaft umgesetzt.
- Zu Beginn des 21. Jahrhunderts stehen wir in einer grossen Auseinandersetzung um die **Globalisierung und den freien Markt**.

Wandel gehört zum Leben. Die Frage bleibt:
Welche Werte bringt, welche nimmt der Wandel?

Wegweiser oder die Frage nach Ethik

Leben heisst Wandel und Unterwegs-Sein. Wer unterwegs ist, braucht Wegweiser. Sonst verliert er die Orientierung.

Ethik bedeutet:
- Wegweiser suchen und lesen;
- sich orientieren und fragen:
- was ist gut?
- Weshalb ist etwas gut?
- Was ist zu tun?

Der persönliche Glaube ist ein hilfreicher Wegweiser und eine wertvolle Orientierungshilfe.

Gut oder schlecht können menschliches Verhalten, zwischenmenschliche Beziehungen und wirtschaftlich-politische Strukturen sein.

Gut und Böse liegen nicht allein in den Herzen, Gedanken, Worten und Taten der Menschen; gut und böse sind ebenso die Strukturen, in denen wir leben.

- Bezahlt der Abnehmer eines Produktes einen schlechten Preis, kann das Profitgier sein. Möglich ist aber auch, dass ihm aktuelle Wirtschaftsstrukturen den schlechten Preis diktieren.

- Äussert sich ein Politiker anders, als ich es mir wünsche, mag das seiner Überzeugung entsprechen. Möglich ist aber auch, dass er ungenügend informiert oder in strukturellen Zwängen gefangen ist.

Nicht nur geht es darum, an der Spitze gute Leute zu haben, sondern an möglichst guten Strukturen zu arbeiten.

Ethik setzt Leitplanken

Ethische Leitplanken sind nötig.
Die Bibel kennt die 10 Gebote. Sowohl Menschen und Menschengemeinschaften wie wirtschaftlich-politische Strukturen verfallen immer wieder dem Bösen.

Leitplanken im Strassenverkehr sind nützlich. Sie können Unfälle nicht verhindern, aber mildern. Sie warnen vor möglichen Gefahren. Sie erziehen zu Umsicht und Vorsicht.

Genau so ist es mit ethischen Leitplanken.
Sie warnen vor Gefahren und mildern Zusammenstösse. Sie erziehen zu Umsicht und Vorsicht, Rücksicht und Eigenverantwortung; sie geben Halt und Sicherheit.

Ethische Leitplanken setzen heisst:
nicht alles dem freien Markt
und seinen Gesetzen,
nicht alles dem Staat
und seinen Gesetzen
überlassen.

Das ist nichts Neues.
Beispiel: Wer sich verschuldet, haftet mit seinem Vermögen, nicht aber mit dem Leben und dem Lebensnotwendigen. Das ist eine ethische Leitplanke, die das Menschenleben vor den Marktgesetzen schützt. Diese Leitplanke bedarf heute der konsequenten Beachtung auf struktureller Ebene – im Blick auf die Verschuldung vieler Drittweltländer.

Die vorliegende Ethik geht davon aus, dass der freie Markt eine wirksame Triebfeder der Wirtschaft ist. Die Ethik zeigt aber auf, warum es angebracht ist, dem freien Markt zum Schutz der Menschlichkeit und Nachhaltigkeit Schranken zu setzen und Ziele vorzugeben.

Leitplanken können das Vorankommen verlangsamen.
Sie helfen jedoch, sicher ans Ziel zu kommen.

Eine Gratwanderung

Wer mit dem Land wirtet, ist ein Mensch mit guten und
schlechten Eigenschaften und Gewohnheiten – wie andere
Menschen auch.
Wer mit dem Land wirtet, bewegt sich in einem grossen
Spannungsfeld, befindet sich auf einer anspruchsvollen
Gratwanderung zwischen

- Ökonomie und Ökologie
  - genug Geld verdienen, um die Familie durchzubringen
    und den Hof zu erhalten
  - auch auf die Schöpfung Rücksicht nehmen

- Wissen und Vision
  - viel wissen über Natur, Technik, Buchhaltung,
    Kommunikation, Management; grosse körperliche
    Leistungen erbringen
  - Visionen und Ideen entwickeln, die zukunftsträchtig sind

- Mode und Modernität
  - bodenständig bleiben und kritisch fragen:
    Was ist blosse Mode? Was ist schon bald nicht
    mehr gefragt?
    Welche Investition lohnt sich wirklich?
  - dafür sorgen, à jour und zeitgemäss zu bleiben;
    richtig entscheiden, was die Investition von Zeit,
    Geld und Arbeit wert ist

- Nutzen und Nachhaltigkeit
  - um Existenz-sichernd zu sein, muss die Arbeit sofort
    Ertrag abwerfen
  - momentaner Nutzen steht oft im Gegensatz zur
    Nachhaltigkeit

Begriffe und Definitionen

Ethik
heisst, sich orientieren und fragen:
- Was ist gut?
- Weshalb ist etwas gut?
- Was ist zu tun?

Ethik bezieht sich auf die individuelle, zwischenmenschliche und wirtschaftlich-politische (= strukturelle) Ebene.

Mit dem Land wirten
heisst: „So leben und arbeiten
und so die Freizeit gestalten,
dass viel Raum bleibt
für das Lebendige,
für die Natur und ihre Gestaltung,
für Tiere und Pflanzen.
Das Lebendige hat seinen eigenen Rhythmus;
sich um Lebendiges zu kümmern, ist zeitlich aufwendig."

Mit dem Land wirten folglich sowohl Landwirte und Bäuerinnen als auch ein grosser Kreis weiterer Menschen, die durch Beruf und Freizeit mit der Natur verbunden sind.

Landwirt und Bäuerin
Weil im Wort „Landwirt" das „Wirten mit dem Land" enthalten ist, wird dieser Begriff in der vorliegenden Ethik dem traditionellen Begriff „Bauer" vorgezogen.
Landwirt/Landwirtin einerseits, **Bäuerin** andererseits sind in der Schweiz je spezifische Bezeichnungen für Berufe mit mehrjährigen Fachausbildungen.

Nachhaltigkeit
wird in Art. 73 der schweizer Bundesverfassung folgendermassen definiert:
Bund und Kantone streben ein auf Dauer ausgewogenes Verhältnis zwischen der Natur und ihrer Erneuerungsfähigkeit einerseits und ihrer Beanspruchung durch den Menschen anderseits an.

Nachhaltig

ist eine Entwicklung, welche die heutigen Bedürfnisse deckt, ohne die Möglichkeiten zukünftiger Generationen, ihre Bedürfnisse decken zu können, zu gefährden.

Ökumene, ökumenisch

„Ökumene" kommt vom griechischen Wort „Oikos" = Haus. Ursprünglich bedeutet „Ökumene" die ganze bewohnte Erde. Heute wird der Begriff verwendet für den gemeinsamen Weg der verschiedenen christlichen Kirchen und Konfessionen.

Ökologie, ökologisch

Auch dieses Wort leitet sich vom griechischen Wort „Oikos" = Haus ab.
Wörtlich heisst „Ökologie": „Lehre vom Haushalt".

Ökologie bedeutet:
Wissenschaft von den Beziehungen des Organismus zur umgebenden Aussenwelt.

Direktzahlungen und Ausgleichszahlungen

Direktzahlungen werden in Art. 70 des Schweiz. Landwirtschaftsgesetzes wie folgt umschrieben:

1. Der Bund richtet Bewirtschaftern und Bewirtschafterinnen von bodenbewirtschaftenden bäuerlichen Betrieben unter der Voraussetzung des ökologischen Leistungsnachweises allgemeine Direktzahlungen und Ökobeiträge aus.
2. Der ökologische Leistungsnachweis umfasst: eine tiergerechte Haltung der Nutztiere; eine ausgeglichene Düngerbilanz; einen angemessenen Anteil an ökologischen Ausgleichsflächen; eine geregelte Fruchtfolge; einen geeigneten Bodenschutz; sowie eine Auswahl und gezielte Anwendung der Pflanzenbehandlungsmittel.
3. Er fördert mit Ökobeiträgen Produktionsformen, die besonders naturnah, umwelt- und tierfreundlich sind; die Beiträge müssen sich wirtschaftlich lohnen.
4. Die Einhaltung der für die landwirtschaftliche Produktion massgeblichen Bestimmungen der Gewässerschutz-,

der Umweltschutz- und der Tierschutzgesetzgebung ist Voraussetzung und Auflage für die Ausrichtung von Direktzahlungen.

Anmerkung: Direktzahlungen sind ein notwendiges Instrument, um in einem schwierigen Umfeld als selbständiger Unternehmer weiter in den Betrieb investieren zu können. Die Direktzahlungen kommen so direkt auch dem vor- und nachgelagerten Gewerbe zugute.

Kritik: Direktzahlungen werden ausserhalb der Landwirtschaft oft mit Löhnen verwechselt.

Vorschlag: In dieser Ethik wird der Begriff „Ausgleichszahlungen" bevorzugt. Er macht darauf aufmerksam, dass eine erbrachte Leistung finanziell ausgeglichen wird.

Multifunktionalität

heisst, dass die Landwirtschaft viele Funktionen hat. Die Multifunktionalität wird in Art. 104 der Schweiz. Bundesverfassung wie folgt umschrieben:
[1] Der Bund sorgt dafür, dass die Landwirtschaft durch eine nachhaltige und auf den Markt ausgerichtete Produktion einen wesentlichen Beitrag leistet zur:
a. sicheren Versorgung der Bevölkerung;
b. Erhaltung der natürlichen Lebensgrundlagen und zur Pflege der Kulturlandschaft;
c. dezentralen Besiedlung des Landes.

Standardarbeitskraft SAK

Neuer Begriff, der einen einfach zu ermittelnden, standardisierten Arbeitsbedarf für einen Betrieb darstellt.
Die SAK wird gebraucht, um Betriebsgrössen zu definieren: Mindestgrössen für Landwirtschaftliches Gewerbe (Raumordnung, Bodenrecht), Beitragsberechtigung für Direktzahlungen, Anrecht auf Investitionskredite.

Anmerkung: Richtigerweise wird für die SAK der durchschnittliche Arbeitsaufwand des Betriebes berechnet. Der Arbeitsaufwand kann je nach Betrieb stark variieren.

Hanglage, Intensivkulturen (Beeren, Gemüse), Direktverkauf etc. müssen berücksichtigt werden.

Kritik: Das Wort „Standard" ist irreführend. Es werden Arbeitstage à 10 bis 12 Stunden, 6 Tage-Woche, jedoch keine Ferien eingerechnet.

Vorschlag: 1 SAK = 2016 Stunden = 48 x 42 Stunden minus 66 Stunden Feiertage = total 1950 Stunden pro Jahr.

ERDE
Seit Adam und Eva

**Da nahm Gott Erde,
formte daraus den Menschen
und blies ihm den Lebenshauch in die Nase.
So wurde der Mensch lebendig.**

1. Mose 2,5

Die Bibel liefert keine Laboranalyse der stofflichen Zusammensetzung des Menschen.
Sie will mehr: sie macht eine Aussage über die enge Verbindung des Menschen mit seinem Schöpfer und der Erde.

Die Erde heisst auf Hebräisch ADAMA.
Der Mensch heisst auf Hebräisch ADAM.
Aus dem Staub der ADAMA schafft Gott den ADAM.

Aus dem Staub der ERDE schafft Gott den IRDISCHEN.

**Adam nannte seine Frau Eva, denn sie sollte
die Mutter aller Menschen werden.**

1. Mose 3,20

Die Bibel analysiert nicht den Stammbaum des Menschen.
Sie will mehr: sie sagt, dass jeder Mensch sein Leben der Mutter verdankt; ohne Mutter gibt es kein Menschenleben.

Im Wort EVA klingt im Hebräischen das Wort LEBEN an.

Seit ADAM und EVA ist das Leben des Menschen mit der Erde und Gottes Segen verbunden.

Bodenständig – irdisch– erdverbunden

Der Mensch ist von seiner Natur her:

- **Bodenständig:** wir stehen, gehen, fahren auf dem Boden. Erst das Flugzeug macht es möglich, uns vom Boden zu lösen.

- **Erdverbunden:** wir leben auf der Erde und von der Erde. Unsere Nahrung beziehen wir von der Erde. Sie wächst auf der Erde und in der Erde.
  Astronauten können sich für gewisse Zeit von der Erde entfernen, bleiben aber abhängig von der Erde.

- **Der Mensch ist ein irdisches Wesen:** wir sind weder ausserirdisch noch überirdisch; wir leben auf der Erde, von der Erde und werden wieder zu Erde. Der menschliche Körper stirbt, zerfällt und wird zu Erde.

Das Leben auf der Erde und von der Erde ist mit Arbeit verbunden.

**Dein Leben lang wirst du hart arbeiten müssen, damit du dich vom Ertrag des Ackers ernähren kannst. Viel Mühe und Schweiss wird es dich kosten.
Zuletzt wirst du wieder zur Erde zurückkehren, von der du genommen bist.
Staub von der Erde bist du, und zu Staub musst du wieder werden!**
1. Mose 3,18-19

Erdverbunden – menschlich

Für kleine Kinder ist Erde ein Urelement, in dem sie sich gerne tummeln. Sie backen Kuchen aus Sand, schlecken den Boden ab, es stört sie gar nicht, wenn ihre Kleider über und über voll von Erde sind. Dreckig macht die Erde nur diejenigen, die das Kind in sich vergessen und verloren haben.

Der Erwachsene will
- keine Erdspuren an den Schuhen,
- keine Erdspuren unter den Fingernägeln,
- keine Erdspuren an den Lebensmitteln.

Der Mensch ohne Kontakt zur Erde lebt mit grossen Risiken:
- er verliert den Boden seines Ursprungs;
- er verliert den Boden seiner Bestimmung;
- er vergisst die Herkunft seines täglichen Brotes;
- er vergisst, dass Werden und Wachsen auf Erden Zeit brauchen und sein eigener Körper einmal wieder zu Erde wird.

Der ADAM (= Mensch) ist mit der ADAMA (= Erde) verbunden.

Von seinem Ursprung her ist der Mensch (ADAM) – der den Kontakt zur Erde (ADAMA) verliert – in Gefahr, seine Menschlichkeit zu verlieren und unmenschlich zu werden.

Der Erdboden wird mehr und mehr zubetoniert und verwüstet. Menschen verlieren den Boden unter den Füssen. Unsere menschliche Gesellschaft wird unmenschlich. Diesem Trend widersetzt sich das Wirten mit dem Land.

Der Auftrag des Menschen

**Gott brachte den Menschen in den Garten Eden.
Er übertrug ihm die Aufgabe, den Garten
zu pflegen und zu schützen.**
1.Mose 2,15

Von allem Anfang an hat der Mensch einen Lebensauftrag:
den irdischen Garten zu pflegen und zu schützen.

Die Bibel will mehr, als alte Geschichten erzählen; sie sagt
aus, was die Situation des Menschen ausmacht – bis heute.

- Der Mensch erhält schon im paradiesischen Garten Eden
  einen Auftrag.
- Durch diesen Auftrag gibt Gott dem Menschenleben
  einen Sinn.
- Gott nimmt diesen Auftrag nie zurück. Er gehört zum
  Menschsein.
- Sogar der Garten Eden braucht den Menschen,
  der ihn pflegt und schützt.
- Wo Menschen sind, wird die Naturlandschaft durch eine
  Kulturlandschaft abgelöst. Menschen legen seit jeher
  Hand an und verändern ihre Umgebung.
- Der Garten samt seinen Geschöpfen ist dem Schutz des
  Menschen anvertraut. Die Erde ist ein dem Menschen
  anvertrautes Gut. Von daher muss der Mensch sein
  Tun vor seinem Schöpfer verantworten.

**Ich setze euch über die Fische,
die Vögel und alle anderen Tiere und
vertraue sie eurer Fürsorge an!**
1. Mose 1,29

Verbindungsleute zur Erde

Jahrhunderte lang war die ganze Bevölkerung abhängig von der Ernte. Eine gute Ernte bedeutete einen hungerlosen Winter. Eine schlechte Ernte bedeutete Hunger, Kälte, Krankheit, Tod. Nur wenige Reiche konnten dem entgehen. Das war auch in der Schweiz so. Das ist z.B. in vielen Teilen Afrikas noch heute der Fall.

Industrialisierung, Technisierung und Fortschritte in der Agronomie haben diesen fatalen Kreis durchbrochen, obschon immer weniger Menschen in der Landwirtschaft arbeiten.

Schlechte Ernten werden heute durch Importe wettgemacht. Die Hungergefahr ist der Gefahr von Fettleibigkeit gewichen. Die Landwirtschaft hat ihre stolze Aufgabe, die ganze Nation zu ernähren, verloren. Jetzt wird sie vielfach als Belastung des Bundeshaushalts betrachtet.

Tatsächlich aber sind Landwirte und Menschen, die mit dem Land wirten, immer unentbehrlicher für unsere Gesell-schaft.

Menschen, die mit dem Land wirten, sind – stellvertretend für uns alle – die Verbindungsleute zur Erde und zum Lebendigen.

- Sie sind unsere Lebens-Versicherung.
- Sie tragen dazu bei, dass unsere Gesellschaft nicht den Boden verliert, abhebt und un-menschlich wird.
- Sie gewährleisten, dass der Mensch seinen ursprüng-lichen Auftrag wahrnimmt.

Erde ist begrenzt – kontingentiert

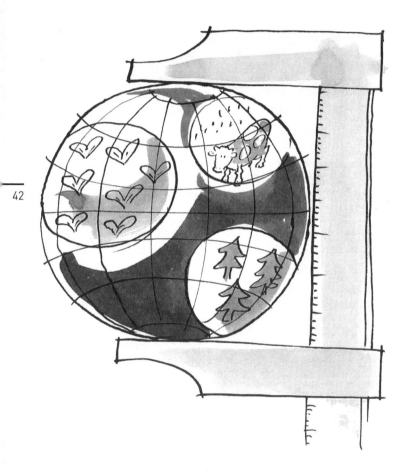

Die Erde scheint unendlich gross. Und doch ist sie begrenzt:
Ihre Oberfläche beträgt 510,1 Mio. km².
Davon sind 362 Mio. km² Wasser und 148,1 Mio. km²
Festland; $1/3$ des Festlandes ist nicht bewohnbar:
Wüste, Eis, Gebirge.

Die Wüste ist auf dem Vormarsch, eine Folge von Raubbau,
Überbevölkerung, Armut, Klimaveränderung, Übernutzung
der Böden, Bauten etc.
Jährlich wächst die Sahara um 100 000 ha.
In der Schweiz verschwinden pro Minute 76 m² landwirt-
schaftliche Nutzfläche zugunsten von Hoch- und Tiefbauten.

Die Erde bewohnen zurzeit 6,3 Milliarden Menschen.
Pro Sekunde kommen drei Menschen dazu.
Sie alle brauchen täglich Nahrung von der Erde.

**Die Dringlichkeit des Auftrags, zum fruchtbaren Erdboden
Sorge zu tragen, wächst. Dem Vormarsch der Wüste muss
mit allen Mitteln Einhalt geboten werden.**

- Die absolute Forderung nach Wachstum ist ein „boden-
  loser" Widerspruch.

- Landwirtinnen und Landwirte dürfen den Preisdruck nicht
  an den Ackerboden weitergeben, indem sie ihn ausrauben
  und auspressen.

**Kontingentierung ist nichts Künstliches; es ist ein boden-
loses Abenteuer, sich darüber hinwegzusetzen.**

Das kann man nicht importieren

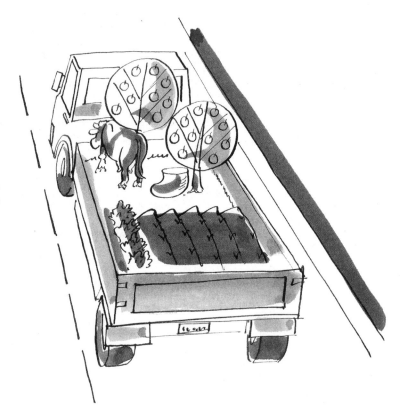

Lebensmittel kann jedes Land importieren – wenn es reich genug ist!

Das setzt aber voraus,
- dass der Transport funktioniert: tiefer Benzinpreis, keine Streiks, keine politischen Unruhen;
- dass es irgendwo auf unserer Erde noch genügend guten Ackerboden, intakte Umwelt, intaktes Klima gibt;
- dass es irgendwo auf unserer Erde noch Menschen gibt, die säen und ernten können (Ausbildung) und es tun (Preise).

Nicht importieren lassen sich:
- Erde, Landschaft: Erholungsraum
- Erdverbundenheit: Selbstvertrauen, Verwurzelung
- Bodenständigkeit: Heimat, Kultur
- Menschlichkeit und Beziehungsfähigkeit: soziale Sicherheit
- Sicherheit in Bezug auf Lebensmittel: Gesundheit
- Esskultur und -kunst: Geniessen, Musse
- Energie für Seele und Geist: Heilmittel gegen geistig-seelische Erschöpfung

Eine funktionierende Landwirtschaft und nachhaltiges Wirten mit dem Land fördern und stützen diese Werte.

Fruchtfolge und ihre Folgen

In der Fabrik oder im Büro wird ein Produkt so schnell hergestellt, wie Mensch und Maschinen es erlauben – und so lang, wie es rentiert. Im landwirtschaftlichen Bereich gelten diese Produktionsregeln nur bedingt.

- Der Erdboden erträgt es nicht, dass Jahr für Jahr die gleiche Frucht angebaut wird. Um ertragreich zu bleiben, braucht der Boden Abwechslung.

- Bei immer gleich bleibender Kultur müssen die Böden mit einem stets wachsenden Einsatz von Dünger und Spritzmitteln fit gehalten werden.

- Ökologische Vorschriften verlangen einen bestimmten Wechsel der verschiedenen Früchte und Kulturen, d.h. eine konsequente Fruchtfolge.

- Die Fruchtfolge erfordert besondere Kenntnisse. Sorgfältig und langfristig geplant, kann sie nicht kurzfristig den Marktgegebenheiten angepasst werden.

- Wegen der Nährstoffbilanz erträgt der Boden nur einen beschränkten Tierbestand.

- Mit in die Fruchtfolge einzubeziehen sind die ökologischen Ausgleichsflächen: 7 % (Spezialkulturen: 3,5 %) der landwirtschaftlichen Nutzfläche müssen zu diesem Zweck ausgeschieden und deklariert werden.

Eine konsequente Fruchtfolge trägt auch in Zukunft Früchte!

Auf der Alp

Die Schweiz ist zum grossen Teil ein Grasland:
- Die Niederschlagsmenge lässt das Gras gut gedeihen
  – bis an die Grenze des ewigen Schnees.
- In höhern Lagen gedeiht Gras; der Anbau von Getreide,
  Gemüse und Obst ist dort nicht mehr möglich.
- Der Mensch kann nicht direkt vom Gras leben. Dagegen
  eignet sich das Grasland vorzüglich zur Haltung von
  „Raufutterverzehrern" wie Kühen, Ziegen, Schafen,
  Pferden, Lamas.

Diese Tiere nähren den Menschen mit:
- Milch – Weiterverarbeitung zu Käse, Butter, Joghurt etc.
- Fleisch – Weiterverarbeitung zu Fleisch- und Wurstwaren.

Diese Tiere geben dem Menschen ausserdem:
- Leder, das zu Schuhen, Taschen etc. verarbeitet wird.
- Eine offene Landschaft. Wo keine Tiere weiden, dringt der
  wilde Wald vor.
- Weidende Tiere erhalten den Grasbewuchs jung und
  bewahren die Hänge vor dem Abrutschen.

Das Grasland setzt dem Weiden auch Grenzen:
- Die Tiere dürfen nicht zu schwer sein: Schonung der
  Grasnarbe, Beweglichkeit in unwegsamem Gelände.
- Die Tiere dürfen nicht zu zahlreich sein: Überdüngung,
  Zerstörung der Grasnarbe.

**Ohne weidende Tiere sterben die berühmten Lärchen
im Engadin und die Tannen auf den Jurahöhen!**

Diese Bäume sind stolze Einzel-„Gänger" und ertragen
keine Baumkonkurrenz neben sich. Weidende Tiere schalten
die unliebsame Konkurrenz einfach und kostengünstig aus.

Die Jahreszeiten

Die industrielle Produktion ist unabhängig von den Jahreszeiten, denn sie geschieht in geschützten Werkhallen. Die Tourismusbranche versucht, sich aus der Abhängigkeit von den Jahreszeiten zu lösen: Skifahren im Sommer auf Gletschern, Beschneiungsanlagen in milden Wintern, Hallenbäder und Eishallen.

Durch Heiz- und Kühlsysteme und moderne Transportmittel hat sich unser Alltag weitgehend aus der Abhängigkeit von den Jahreszeiten gelöst.

... doch das menschliche Gemüt folgt noch immer dem Rhythmus der Jahreszeiten!

Die Jahreszeiten berücksichtigt, wer mit dem Rhythmus der Kirche und der Erde durchs Jahr geht:

- Advent und Weihnachten – Licht in der Finsternis
- Passionszeit und Karfreitag – Vergänglichkeit
- Ostern, Auffahrt und Pfingsten – Neuanfang, Aufblühen
- Erntedank und Bettag – Frucht und Segen

In unsern Breitengraden ist die Landwirtschaft – ebenso Baugewerbe und Tourismus – stark dem Wechsel der Jahreszeiten unterworfen.

- Einheimische Erdbeeren gibt es nicht schon im Februar – wohl aber gute Äpfel aus den Lagerhäusern.
- Frische Kartoffeln lassen sich bei uns erst im Mai ernten.

So lange die Erde besteht, folgen in stetem Wechsel Aussaat und Ernte, Frost und Hitze, Sommer und Winter, Tag und Nacht. Diese Ordnung ist unumstösslich.
1. Mose 8,22

Freude an Tieren

Viele Menschen haben das Bedürfnis, ein Haustier zu halten. Besonders beliebt sind Hunde. Tiere verlangen durchgehende Betreuung; die Beziehung zum Lebendigen ist auch zeitlich aufwendig.

- Hundekot muss entsorgt werden. Gelangt er ins Futter der Kühe, kann er Fehlgeburten verursachen.
- Warum kein Dog-Sharing? Muss jede Familie, die Hunde gern hat, selber einen haben?

Ich setze euch über die Fische, die Vögel und alle andern Tiere und vertraue sie eurer Fürsorge an.
1. Mose 1,29

- Der Mensch ist den Tieren an Denkvermögen und Macht überlegen.
- Die Tiere sind dem Menschen anvertraut. Sie sind seine Mitgeschöpfe.

Vorschriften zur Haltung von Tieren sind nötig und in der Landwirtschaft selbstverständlich geworden:
- Das Tier ist ein Lebewesen mit Empfindungen.
- Das Tier soll Art-gemäss gehalten werden.
- Das Tier soll ohne Qual sterben.

In Landwirtschaft und Metzgerei-Gewerbe gibt es entsprechend viele Vorschriften, die die Arbeit aufwendiger und teurer machen: neue Ställe, Auslauf der Tiere, neue Schlachteinrichtungen, Hygienevorschriften etc.

Es ist ein Widerspruch, der Landwirtschaft Vorschriften über die Tierhaltung zu machen, aber billiges Fleisch – aus unkontrollierter Tierhaltung – zu kaufen.

Freude am Garten

Viele Menschen erleben und verwirklichen die Beziehung zur Natur im Garten. Auch ein noch so kleines Stück Erde lässt sich hegen und pflegen.

Im Garten lässt sich im Kleinen erleben und beobachten, was im Grossen auf den Feldern seinen Lauf nimmt:
- Werden, Wachsen und Vergehen – Säen und Ernten
- Abhängigkeit von Wetter und Jahreszeiten
- Wechselwirkungen von Tieren und Pflanzen
- Bangen um Saatgut und Pflanzen; Hoffen auf Blühen und Früchte

Ein entscheidender Unterschied besteht zwischen Freizeit-Gärtnern und beruflicher Landwirtschaft:
- Hat der Hobbygärtner eine schlechte Ernte, so kauft er sich das Fehlende im Laden.
- Die Hobbygärtnerin hängt nicht existentiell vom Ertrag ihres Gartens ab.

Das gibt dem Hobby-Gartenbau eine grosse Freiheit beim Gestalten, beim Säen und Ernten – weil nichts sein muss!
- Auf Spritz- und Düngemittel kann verzichtet werden.
- Der Garten braucht keine exotischen Pflanzen. Die einheimische Pflanzenwelt ist reichhaltig – und bietet Lebensraum für die hiesige Tierwelt wie Schmetterlinge, Vögel, Igel, Bienen etc.

Es ist widersprüchlich, der Landwirtschaft exakte ökologische Vorschriften zu machen, im eigenen Garten und in öffentlichen Anlagen aber zu wirtschaften, als gäbe es keine ökologischen Erkenntnisse.

Auf dem Boden der Gerechtigkeit

Die Bauernfamilien erbringen unentbehrliche Leistungen für unsere Gesellschaft. Ihre Arbeit ist multifunktional:

- sie bilden das Rückgrat für das Wirten mit dem Land,
- sie produzieren Nahrungsmittel,
- sie gestalten die Kulturlandschaft,
- sie sind Verbindungsleute zum Erdboden,
- sie sind das Gedächtnis der Jahreszeiten,
- sie kennen und beachten die Fruchtfolge,
- sie halten Tiere Art-gerecht.

Diese Leistungen müssen finanziell gerecht abgegolten und ausgeglichen werden. Zum Teil geschieht dies durch die so genannten „Direktzahlungen"– sachgemässer „Ausgleichs-zahlungen", weil eine erbrachte Leistung ausgeglichen wird.

Direktzahlungen sind auch darum umstritten, weil sie

- ausserhalb der Landwirtschaft oft mit Löhnen verwechselt werden;
- den grössten Teil des Landwirtschaftsbudgets ausmachen;
- scheinbar Besitz honorieren (Flächenbeiträge);
- das Einkommen und die Mitarbeit der Bäuerin zuwenig differenziert behandeln.

Die Berechnung der „Ausgleichszahlungen" nach Standardarbeitskraft SAK würde die erbrachte Leistung finanziell ausgleichen.

Die SAK muss neu definiert, berechnet und differenziert eingesetzt werden – unter Berücksichtigung der heutigen gesellschaftlichen Bedingungen: Arbeitszeit, Ferien. Sonst verdient sie den Namen „Standard"-Arbeitskraft nicht.

Quelle des Lebens

Du, Gott, bist die Quelle, die uns Leben schenkt.
Psalm 36,10

Jedes Lebewesen braucht Wasser zum Leben.
Leben gibt der Mensch sich nicht selber; es wird ihm
gegeben. Das Wasser ist keine Kreation des Menschen.
Wasser und Leben sind beide dem Menschen gegeben
und anvertraut.

In der Taufe mit Wasser wird dieses Geschenk sichtbar.

Verschieden und doch gleich – so ist das Wasser in den
verschiedenen Aggregatszuständen bei gleich bleibender
chemischer Zusammensetzung.
Verschieden und doch gleich – so ist der biblische Gott.
ER zeigt sich uns auf verschiedene Weise und ist doch
der EINE:

- Gott, der Schöpfer, ist die sprudelnde Quelle des Lebens;
- Christus, Gottessohn und Menschensohn, verbindet – den
  Schneeflocken und Regentropfen vergleichbar – Himmel
  und Erde;
- der Heilige Geist, unsichtbar und doch spürbar wie
  feine Wasserpartikel in der feuchten Luft, gibt uns den
  Lebenshauch.

Wasser ist in vielen Religionen Symbol des Lebens,
ja ewigen Lebens.

Christus sagt:
**Wer aber von dem Wasser trinkt,
das ich ihm gebe,
wird niemals mehr Durst haben.
Ich gebe ihm Wasser,
das zu einer Quelle wird,
die ewiges Leben schenkt.**
Johannes 4,14

Von der Quelle bis zum Meer

Seht der Wasserwellen Lauf,
wie sie steigen ab und auf.
Von der Quelle bis zum Meer
rauschen sie des Schöpfers Ehr.

Lebens-Wasser

Wasser ermöglicht Leben.

Es gibt drei Hauptwasserkreisläufe:
Meer – Atmosphäre – Meer
Meer – Atmosphäre – Land – Meer
Land – Atmosphäre – Land

Zum ....Trinken... Kochen... Duschen... Baden... Waschen...
Putzen... Kühlen...Feuer löschen... Pflanzen... Bewässern...
sind Menschen auf Wasser angewiesen.

Wir sind vollkommen von Wasser abhängig.

- Die Zellen aller Lebewesen, damit auch die des Menschen,
  bestehen zu 80 % aus Wasser. Jeder Flüssigkeitsverlust
  muss wieder ausgeglichen werden.

Folgende lebenswichtige chemische Prozesse erfolgen
nur mit Hilfe von Wasser:
- die Photosynthese der Pflanzen – der Aufbau von
  Sauerstoff und Kohlehydraten;
- die Sauerstoffaufnahme von Mensch und Tier.

**Das Wasser braucht die Menschen nicht.
Die Menschen aber leben davon, dass
Wasser verfügbar ist.**

**Darum ist es ethisch nicht haltbar und langfristig
verantwortungslos, die Verwaltung des Wassers der
Gemeinschaft zu entziehen und sie Privatinteressen
auszuliefern.**

Im Wasserschloss

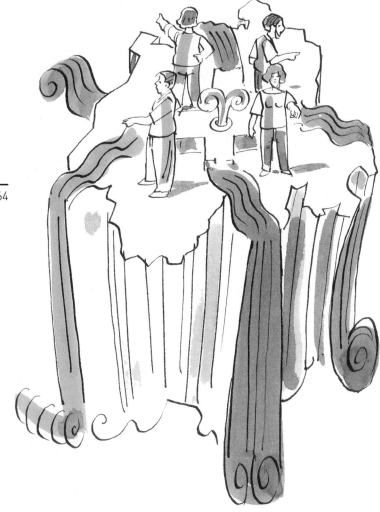

Vier wichtige Flüsse Europas entspringen in den Schweizer Alpen:

- Die Rhone/der Rotten fliesst durch Frankreich und mündet ins Mittelmeer.
- Der Rhein fliesst durch Deutschland, Frankreich und Holland und mündet in die Nordsee.
- Der Inn fliesst bei Passau in die Donau, die dann Österreich, die Slowakei, Ungarn, Kroatien, Serbien, Bulgarien und Rumänien durchzieht und ins Schwarze Meer mündet.
- Der Ticino fliesst in Italien bei Pavia in den Po, der in die Adria mündet.

Die Schweiz ist das Wasserschloss Europas. Von hier aus werden weite Teile Europas mit Wasser versorgt.

Die Schweiz hat keine Rohstoffe und keine Bodenschätze, wohl aber ein wichtiges Lebens-Element: viel Wasser.

Der Wasserkraft verdankt die Schweiz eine Stromversorgung mit viel sauberer Energie.

Eine gute Wasserversorgung und die Versorgung der ganzen Bevölkerung mit Trinkwasser sind bei uns selbstverständlich – weltweit sieht das ganz anders aus.

- Nur 2,5 % des Wassers auf der Erde sind Süsswasser.
- 1,3 Milliarden Menschen haben keinen gesicherten Trinkwasserzugang. Aus gutem Grund hat die UNO das Jahr 2003 zum Jahr des Wassers erklärt.

Hüter im Wasserschloss

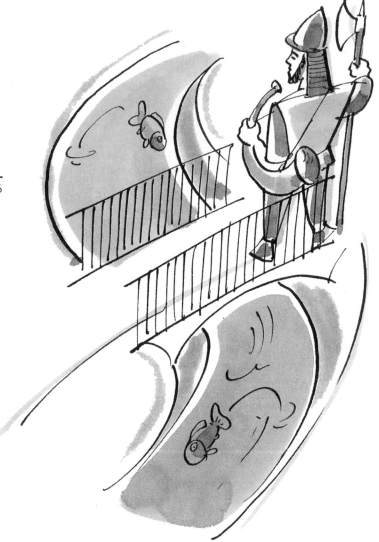

Verantwortungsbewusste Landwirte gewährleisten gute Qualität des Trinkwassers.

- Jedes Jahr entsteht auf einer Hektare Landwirtschaftsland durch das Versickern der Niederschläge Trinkwasser im Wert von 5000 bis 7000 Franken.
- Trinkwasser ist somit auch ein Produkt der Landwirtschaft.
- Der Landwirtschaft kommt im Grundwasserschutz ein ganz spezielles Gewicht zu.
- Viele Landwirte sind auch Waldbesitzer oder arbeiten zusätzlich im Forstdienst.

Der Forstdienst hat eine zentrale Bedeutung im Wasserschloss; er erwirtschaftet weit mehr als den Wert des Holzertrages.

- Die obersten zehn Zentimeter Waldboden speichern pro Quadratmeter bis zu 50 Liter Niederschlagswasser.
- Das unter den Waldflächen gewonnene Trinkwasser besitzt einen hohen Reinheitsgrad. Bäume kämmen mit ihren Blättern und Nadeln grosse Schadstoffmengen aus der Luft.
- Ein Hektar Wald hält bis zu zwei Millionen Liter Wasser zurück, die er sehr langsam wieder abgibt. Selbst nach längerer Trockenheit sprudeln Quellen im Wald noch.
- Die Landwirtschaft wird zu sorgfältigem Umgang mit dem Wasser verpflichtet: Gewässerschutzvorschriften, Nährstoffbilanzen etc. Das Einhalten der Vorschriften wird kontrolliert. Fehlverhalten wird gebüsst und mit dem Verlust der Direktzahlungen bestraft.

Tödliche Wasser

Wasser kann Leben bedrohen:

- Erdrutsche
- Überschwemmungen
- Lawinen

Eine weitere Bedrohung stellt die Klimaerwärmung dar: der Permafrost in den Alpen (die hohen Berge sind tiefgefroren) taut; Geschiebe und Wasser werden nicht mehr vom Eis zusammengehalten, sondern donnern zu Tal.

Das Berggebiet ist besonders exponiert.

Doch auch für das Unterland gilt:
Je mehr Wald in einem Gebiet wächst, desto weniger schnell fliesst Wasser ab. Hochwasser werden durch Wälder aufgefangen, das gespeicherte Wasser wird verzögert und gleichmässig wieder abgegeben.

	Verdunstung in Prozent	Grundwasser-neubildung in Prozent
Dichte Bebauung	20	keine
Ackerland	65	35
Grünland	75	25
Wald	90	10

Regen und Sonnenschein

Es ist gut, dass wir das Wetter nicht selber machen können – es käme sonst noch viel schlimmer!

Das sagen Bäuerinnen und Bauern oft – besonders, wenn das Wetter nicht mitspielt.

Die landwirtschaftliche Produktion ist sehr stark vom Wetter, Regen und Sonnenschein abhängig:
- Genug Regen ergibt einen guten Pflanzenwuchs;
- zu viel Regen bedroht die Pflanzen mit Fäulnis und Krankheiten, hindert den Flug der Bienen und die Befruchtung der Blüten;
- genug Sonnenschein lässt die Früchte reifen, die Pflanzen wachsen;
- zu viel Sonnenschein bedroht die Pflanzen mit Dürre.

Je nach Wetter sind die Ernten grösser oder kleiner. Das Wetter beeinflusst auch die Qualität der Produkte.

Der heutige Konsument fragt beim Einkauf kaum:
- Welche Produkte sind jetzt reichlich auf dem Markt? Unter welchen Bedingungen wurde produziert?

Der heutige Konsument fragt eher:
- Wo gibt es das, was ich jetzt will? Wo finde ich, was mir gefällt? Wie teuer ist es?

Die Marktgesetze kümmern sich wenig um die Naturgesetze. Wer mit dem Land wirtet, steht zwischen beiden Gesetzen.

Wasser-Plausch

Was gibt es Schöneres, als sich im Lebens-Element Wasser
zu tummeln:

- beim Schwimmen im See, im Meer oder im Pool
- beim Segeln und Kanu Fahren
- beim Fischen und Motorboot Fahren
- im Wellness–Bad
- beim Skifahren und Snow-Boarden

Der direkte Kontakt mit dem Lebens-Element Wasser weckt
und fördert die Lebensgeister.

Das Wasservergnügen hat aber eine Kehrseite:

- Es gibt Orte auf der Welt, wo wegen vollen privaten
  Swimmingpools die ortsansässige Bevölkerung Was-
  sermangel leidet; sie kann Wasser kaum für das Lebens-
  notwendige einsetzen. Die Bewässerung von Gärten
  oder Feldern ist unbezahlbar. Ausgerechnet an solchen
  Orten werden oft mit grossen Wassermengen Freizeit-
  anlagen unterhalten.
- Wenn natürlicher Schnee fehlt, werden mit grossem
  Wasser- und Energieaufwand Pisten künstlich beschneit.
- Wer abseits markierter Pisten fährt, schreckt das Wild
  auf und setzt sein Leben aufs Spiel. Rettungsmann-
  schaften werden grossen Gefahren ausgesetzt.
- Schnell fahrende Motorboote verursachen starke Wellen,
  die die Schilfbestände gefährden; die Ruhe von Tier und
  Mensch wird gestört.

Darum:

Wasserplausch mit Herz und Verstand!

Nicht verwässern: die Gerechtigkeit

Wer zuverlässig einen wichtigen Hüterdienst leistet, hat selbstverständlich Anspruch auf eine gerechte Entlöhnung.

Der Dienst im Wasserschloss verlangt von den Hütern das strikte Einhalten vieler Vorschriften zum Schutz des Wassers:

- Gülle (Jauche) darf nur ausgebracht werden, wenn der Boden sie gut aufnehmen kann und keine Gefahr besteht, dass sie ins Wasser gelangt – z.B. bei gefrorenen oder durchnässten Böden. Die Gülle muss also sicher und lang gelagert werden können. Das verlangt kostspielige Investitionen.
- Werden Felder schon im Herbst gepflügt, spült der Winterregen Nitrat ins Grundwasser. Um das zu verhindern, wird eine Gras-Zwischensaat ausgesät. Sie bindet die Nährstoffe. Im Frühjahr wird das Gras umgepflügt und dient der Humusbildung.
- Ökologische Ausgleichsflächen werden in einem aufwendigen Verfahren zusammengelegt. Es entsteht ein gut vernetztes System von Feucht- und Trocken-Biotopen, das der Pflege bedarf.

Diese Beispiele zeigen: das Hüteramt ist kostspielig und arbeitsaufwendig. Leider gelten die tiefen Produktepreise diesen Mehraufwand in keiner Weise ab. Direktzahlungen sind ein Ausgleich für erbrachte Leistungen.

Der Hüterdienst im Wasserschloss (Europas) muss noch besser honoriert werden.

Zum Ursprung des Lichts

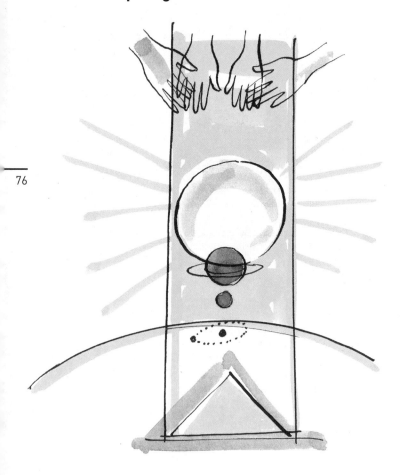

Und Gott sprach: Es werde Licht!
Und es ward Licht.
1. Mose 1,3

So beginnt alles: das Universum, die Erde, die Schöpfung, das Leben.

Die Wissenschaften beschreiben den Beginn in andern Worten. Sie sprechen vom Urknall und vom Evolutionsprozess.

Die Bibel enthält keinen naturwissenschaftlichen Bericht, wie die Welt und das Leben entstanden sind.

Die Bibel will vielmehr erzählen, warum Licht und Leben entstanden sind: weil Gott Licht und Leben wollte und schuf; weil Gott selbst Licht und Leben ist.

Das Lebens-Licht ist ein göttliches Geschenk. Jeder neue Tag ist ein neues Geschenk. Darüber können wir staunen und dafür danken.

Das Licht dringt nicht nur von Aussen nach Innen. Es leuchtet von Innen nach Aussen: die Erleuchtung, der Geistesblitz, das feu sacré, der Freudenstrahl, das innere Licht, das Glaubenslicht, der Feuereifer, die Flamme der Liebe, der Glanz der Augen etc.

Christus spricht: Ich bin das Licht der Welt.
Wer mir nachfolgt, wird nicht in der Finsternis
wandeln, sondern das Licht des Lebens haben.
Johannes 8,12

Wie die zarten Blumen

Du durchdringest alles;
lass dein schönstes Lichte,
Herr, berühren mein Gesichte.
Wie die zarten Blumen
willig sich entfalten
und der Sonne stillehalten,
lass mich so
still und froh
deine Strahlen fassen
und dich wirken lassen.

Licht ist Leben

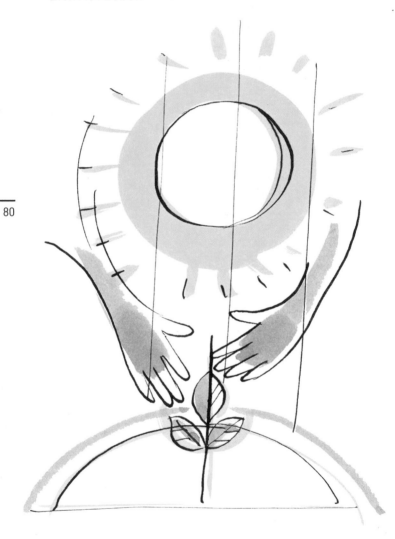

Sonnenlicht ist grundsätzlich die einzige Energiequelle auf Erden. Ohne Sonnenlicht gibt es kein Leben.

Sonnenlicht, das auf eine Pflanze fällt, liefert die nötige Energie, um Wasser in Sauerstoff umzuwandeln. Das ist die so genannte Lichtreaktion.

Sonnenlicht liefert die Energie für einen zweiten lebens-wichtigen Prozess: die Umwandlung von Kohlendioxid in Kohlehydrate. In den Kohlehydraten wird die Lichtenergie gespeichert und für Mensch und Tier zugänglich gemacht. Das ist die so genannte Dunkelreaktion.

Lichtreaktion und Dunkelreaktion bilden zusammen die „Photosynthese", abgeleitet aus dem Griechischen „phos" = „Licht" und „synthesis" = Zusammensetzung.

Der Mensch braucht Energie

Sonnenenergiekollektoren führen es uns vor Augen:
Licht ist Energie. So direkt wie Sonnenkollektoren können
Menschen die Energie des Lichts jedoch nicht aufnehmen.

Die Saat wird in die Erde gelegt. Licht verleiht dem Samen
die Kraft, die Hülle zu sprengen und der Sonne entgegen
zu wachsen. Mit Hilfe von Licht und Wasser kann die junge
Pflanze der Erde Nährstoffe entnehmen und Energien in
Form von Kohlehydraten speichern. Die Pflanze oder deren
Frucht wird geerntet, verkauft, verarbeitet, gekocht, geba-
cken und gelangt als „tägliches Brot" auf unsern Tisch.

Wenn der Mensch Fleisch- und Milchprodukte konsumiert,
so nimmt er ein Energiekonzentrat auf. Denn die Tiere haben
die in den Pflanzen gespeicherte Energie aufgenommen und
zu Fetten und Eiweissen umgewandelt.

Unser täglich Brot gib uns heute...
Matthäus 6,11

Durch das tägliche Brot gewinnt der Mensch die Energie,
die er braucht um zu leben, seiner Arbeit und seinem Vergnügen nachzugehen.

Viele Menschen arbeiten für das tägliche Brot: Bäuerin,
Müller, Bäcker, Metzger, Käser, Chauffeur, Verkäuferin,
Hausfrau, Koch, Servicefachangestellte...

Für viele Menschen in Mitteleuropa ist das tägliche Brot
eine Selbstverständlichkeit. Für einige wird es sogar zur
„Sünde". Sie werden dick, weil sie zuviel Energie aufnehmen
und zuwenig davon verbrauchen.

Für Millionen von Menschen ist die Beschaffung des täglichen Brotes ein täglicher Kampf, für den sie ihre ganze
Kraft brauchen.

(Nicht-)erneuerbare Energie

Die menschliche Arbeitskraft ist erneuerbare Energie.

Der Mensch kann arbeiten, ruhen, essen und wieder arbeiten. Er lebt von den Früchten der Erde, er hinterlässt Nachkommen und wird zuletzt selber wieder zu Erde.

Menschliche Arbeitskraft hat den wirtschaftlichen Nachteil, dass auch der Mensch leben muss, der nicht arbeitet: wer ruht, wer krank ist, wer alt ist.

Die landwirtschaftliche Arbeit produziert in erster Linie Essen bzw. menschliche Arbeitskraft.

Die heutige Wirtschaft verlangt nach Arbeitskraft, die möglichst keine Nebenkosten verursacht, d.h. ohne Störungen wie Krankheit, Nachtruhe und Alter funktioniert.

Hier bietet sich die Automation an. Maschinen arbeiten ohne Unterbruch und werden einfach entsorgt, wenn sie alt sind.

Automation ist weitgehend auf nicht erneuerbare Energie angewiesen: Erdöl, Erdgas. Diese sind viel weniger aufwendig in ihrer Beschaffung als das tägliche Brot, die Energiequelle des Menschen.

Mit dem Land wirten heisst, für erneuerbare Energie zu arbeiten. Dies ist mit teurer menschlicher Arbeitskraft verbunden.

Automation setzt nicht erneuerbare Energie ein; sie verzehrt die Vorräte der Erde auf immer.

Die Marktgesetze bevorzugen die nicht erneuerbare Energie und die Automation. Sie sind nicht in der Lage, die zukünftige Knappheit und die negativen Folgen für die Atmosphäre wahrzunehmen.

Der Landwirt als Energielieferant

Die Landwirtschaft liefert viele nachwachsende Rohstoffe.

- Durch die Herstellung von Nahrungsmitteln: menschliche Arbeitskraft.
- Durch die Pflege des Waldes, zusammen mit der Forstwirtschaft: Heiz- und Baumaterial. Der Wald ist auch Wasserspeicher, Wasser ein Energielieferant.
- Durch den Anbau von Chinaschilf: Torfersatz, Verpackungsmaterial, Fasern zur Isolation.
- Durch den Anbau von Faserhanf: Textilien, Papier, Baustoff.
- Durch den Anbau von Ölhanf: ätherische Öle, Kosmetika.
- Durch den Anbau von Raps: Schmiermittel.
- Durch den Anbau von Baumwolle: Grundlage von Geweben für die Kleidung.
- Durch die Haltung von Schafen: Wolle – Grundlage für Gewebe, Kleidung und Isolation.
- Durch die Haltung von Tieren: Biogas, Leder für Taschen und Schuhe, Industriefett und Brennstoff aus Schlachtabfällen.
- Durch den Anbau von Zuckerrüben und andern Rohstoffen: Bioethanol als Benzinersatz.

Der freie Markt bevorzugt die nicht nachwachsenden Rohstoffe, weil sie kurzfristig weniger Kosten verursachen. Das Wirten mit dem Land bevorzugt die nachwachsenden Rohstoffe, weil sie nachhaltig sind.

Energie-bewusst

Auf dem Bauernbetrieb entstehen laufend Dünger-Stoffe: Mist und Gülle im Stall und beim Weiden, Pflanzenabfälle, Ernterückstände (Stoppeln).

Dünger ist Nahrung für die Pflanzen. Damit die Pflanzen gesund wachsen können, brauchen sie genügend Dünger (Nährstoffe). Die Erde, in der sie wachsen, muss also die Nährstoffe enthalten, die sie benötigen. Durch ihr Wachstum entnimmt die Pflanze dem Boden Nährstoffe.

Enthält der Boden zuviel Dünger für die Pflanzen, so werden die Nährstoffe mit dem Regen ins Grundwasser geschwemmt. Nährstoffe, die für die Pflanzen lebensnotwendig sind, sind im Wasser schädlich.

Kompliziert wird die Sache noch dadurch, dass Dünger nicht gleich Dünger ist. Jede Pflanze hat ihren eigenen Bedarf und ihre eigenen Vorlieben.

Ein Erschwernis ist das Wetter: unzeitiger Regen kann die Düngergaben so verwässern, dass der Pflanzenbedarf nicht mehr gedeckt ist.

Es ist die hohe Kunst der Landwirtschaft, genau zu berechnen, wie viel Dünger auf dem Hof entsteht und wie viel Dünger beigefügt werden muss.

Diese Berechnungen sind entscheidend für den Ertrag der Ernte: möglichst ertragreiche Pflanzen bei einem Minimum an zugekauftem Dünger.

Der Düngerhaushalt ist nicht dem Belieben des Landwirts überlassen. Dieser muss bei den Kontrollen in seinen Unterlagen eine exakte Nährstoffbilanz nachweisen.

Das Licht-Jahr

Licht bewegt sich unglaublich schnell: rund 300 000 km/sek.

Ein Licht-Jahr ist die Distanz, die das Licht in einem Jahr zurücklegt: 9 Billionen 460 Milliarden 895 Millionen 200 Tausend Kilometer. Der nächste Fixstern zur Erde, der Centaur, ist 4,3 Lichtjahre entfernt.

So schnell bewegt sich Licht, aber schneller nicht. Nacht, Winter und Wolken brechen den Weg des Lichts – und bremsen das Wachstum auf der Erde.

Ist das Licht an seinem Bestimmungsort eingetroffen, braucht es wiederum seine Zeit, bis es wirken kann: die Pflanze z.B. muss das Licht aufnehmen und in der Photosynthese verarbeiten

Das Wirten mit dem Land respektiert die Gesetzmässigkeiten des Lichts und dient damit der Nachhaltigkeit.

Industrielle Produktion dagegen setzt sich, meist unter Einsatz von nicht erneuerbarer Energie, über die Gesetze des Lichts hinweg und produziert mit künstlichem Licht in der Nacht, mit Heizen im Winter oder Kühlen im Sommer, weiter.

Landwirtschaft ist immer wieder auf Kompromisse angewiesen: Produktion unter Glas oder Plastik, Ernte bei künstlichem Licht bis tief in die Nacht etc.

Angesichts des Alters der Erde (4,5 Milliarden Jahre) und der Geschwindigkeit des Lichts wirkt es sonderbar, wenn der „freie" Markt sagt: ich brauche dieses Produkt jetzt und keine Minute später!

Grill-Party

Grillieren ist ein urtümliches Vergnügen – das heisse Spiel mit dem Urelement Feuer, unter freiem Himmel, im Duft von gebratenem Fleisch und gewürzt mit fröhlicher Geselligkeit: Höhepunkt ein leckeres Essen. Dieses Vergnügen verlangt seine Zeit – und das ist recht so!

Die folgenden Hinweise möchten der Grillparty einen noch urtümlicheren Touch geben:
- Jedes Tier, das für Milch, Fleisch oder Wolle gehalten wird, ist auch Fleischlieferant. Denn eines Tages muss es „entsorgt" werden.
- Jährlich fallen in der Schweiz 246 000 Tonnen Schlachtabfälle an, die zum allergrössten Teil entsorgt werden müssen. Vom geschlachteten Rind kann nur $1/3$ dem Fleischkonsum zugeführt werden.

Die besten Stücke sind gefragt. Ein Tier besteht nur zum kleinsten Teil aus den begehrten besten Stücken.
- Was nicht verwertet werden kann, wird verbrannt. Doch welche Gemeinde will Standort für eine Kadaververbrennungsanlage werden? Die Krankheit des Rinderwahnsinns und sein möglicher Zusammenhang mit der Creutzfeldt-Jakob-Krankheit haben dem Konsum zusätzlich Fleischstücke entzogen. Das vermehrt die Schlachtabfälle.

Metzger kreieren viele nach Regionen verschiedene Würste, die gut schmecken und weniger kostbares Fleisch geschickt verwerten.

Wem Ökologie nicht Wurst ist – isst auch Wurst!

Lichtblick: Gerechtigkeit

Wirten mit dem Land ist auf eine nachhaltige Energiewirtschaft ausgerichtet.

Die Pflege nachwachsender Rohstoffe und die nachhaltige Bewirtschaftung sind zeitlich aufwendig und arbeitsintensiv. Die Gesetze des freien Marktes begünstigen den Einsatz von wenig arbeitsaufwendiger Automation und nicht erneuerbarer Energie.

Die Ausgleichszahlungen an die Landwirtschaft schaffen hier einen gerechten Ausgleich.

Dieser Ausgleich ist ein Lichtblick für
- die Bauernfamilien: Existenzsicherung;
- die gewerblich ausgerichteten Verarbeitungsbetriebe: Metzgereien, Käsereien, Bäckereien;
- die Ökologie;
- die mit dem Land wirtenden Menschen in Stadt und Land;
- unsere Nachkommen, weil wir nicht ihr Erbe verprassen;
- die Tiere und Pflanzen und ihre Vielfalt.

Die Landwirtschaft muss so produzieren können, dass sie mehr Energie liefert als verbraucht.

Der Markt gibt oft andere Befehle. Er kümmert sich wenig darum, wie viel Energie produziert und verbraucht wird, er fragt zuerst und vor allem nach dem momentanen Gewinn.

LUFT
Der Lebenshauch

**Wenn du, Gott, den Lebenshauch zurücknimmst,
kommen sie um und werden zu Staub.
Schickst du aufs neue deinen Atem,
so entsteht wieder Leben.**
Psalm 104,29-30

RUACH heisst im Hebräischen, der Sprache des Alten Testaments: „Atem, Geist, Wind". Durch die Berührung mit Gottes Atem wird der Mensch zur lebendigen Seele. So anschaulich erklärt die Bibel das Wunder des Lebens. Den RUACH kann der Mensch weder mit seinen Händen noch dem Verstand fassen, wohl aber mit seiner Seele.

Der Wind weht, wo es ihm gefällt. Du hörst ihn nur rauschen, aber du weisst nicht, woher er kommt und wohin er geht. So ist es auch bei denen, die vom Geist geboren werden.
Johannes 3,8

PNEUMA heisst im Griechischen, der Sprache des Neuen Testaments: „Wind, Luft, Geist". Der Wind weht, der Mensch kann ihn nicht lenken. Er kann ihn spüren und indirekt sehen, wenn z.B. ein Baum vom Wind bewegt wird.

Genau so verhält es sich mit dem Geist: er ist unsichtbar – aber man sieht und spürt, wenn ein Mensch vom Geist bewegt – begeistert – ist. Ohne Begeisterung ist das Leben todlangweilig.

Der Mensch braucht Luft und Geist, Atem und Seele, um lebendig und beseelt zu sein.

Luft und Geist kann der Mensch nicht selber machen – sie sind Geschenke, die Gott ihm anvertraut.

Luft, die alles füllet

Luft, die alles füllet,
drin wir immer schweben,
aller Dinge Grund und Leben,
Meer ohn Grund und Ende,
Wunder aller Wunder:
ich senk mich in dich hinunter.
Ich in dir,
du in mir,
lass mich ganz verschwinden,
dich nur sehn und finden.

Luft ist Leben

Luft besteht unter anderem aus Sauerstoff und Kohlendioxid. Sauerstoff ist für Mensch und Tier, Kohlendioxid für die Pflanzen lebensnotwendig.

Die Pflanze nimmt Kohlendioxid aus der Atmosphäre auf, verarbeitet es zu Sauerstoff und gibt diesen wieder ab.

Mensch und Tier nehmen den Sauerstoff auf und geben Kohlendioxid an die Atmosphäre ab.

Mensch und Tier auf der einen Seite – die Pflanzen auf der andern Seite brauchen einander, damit sie leben können. Sie stehen in gegenseitiger Abhängigkeit und Wechselwirkung.

So wird es verständlich, dass Wälder und Parkanlagen als die grünen Lungen der Städte bezeichnet werden – sie verschaffen den Menschen und Tieren den nötigen Sauerstoff.

Viel mehr Sauerstoff als Mensch und Tier brauchen Verkehr, Heiz- und Industrieanlagen.

Die Sorge wegen des Abholzens der Regenwälder wird verständlich: sie sind für unsere Welt das, was die Parkanlagen für die Städte – die Sauerstoffpumpe, ohne die wir nicht atmen können.

Je mehr Blattoberfläche pro Quadratmeter eine Pflanze aufweist, umso wirksamer ist sie in der Sauerstoffproduktion. Ein Rasen ist genau so grün wie ein Baum – produziert aber viel weniger Sauerstoff.

Zwei Beispiele: eine Hektare Zuckerrüben produziert den Jahres-Sauerstoffbedarf für 58 Personen, eine Hektare Wald den für 15 Personen.

Auch der Boden will atmen

Wenn der Boden keine Luftzufuhr erhält, erstickt er und wird unfruchtbar. Kurzfristige Rendite steht im Widerspruch zu langfristiger Bodenfruchtbarkeit.

Der Boden muss so weitergegeben werden, dass die nächste Generation anbauen und ernten kann. Keine festgefahrene Sache zurücklassen!

Folgende Massnahmen tragen zu einem gut durchlüfteten, lockeren Boden bei:

- gute Fruchtfolge – nach Pflanzen mit flachen Wurzeln werden Pflanzen mit tiefen Wurzeln gesät, welche den Boden lockern;
- Einsatz von möglichst leichten Maschinen;
- Einsatz von Mehrfachgeräten – verschiedene Arbeitsvorgänge werden kombiniert;
- möglichst keine Belastungen des Bodens bei Nässe, um Druckschäden zu vermeiden;
- Direktsaaten – Säen auf den ungepflügten Boden. Der Ertrag ist kleiner, aber auch der Energieaufwand. Die Bodenstruktur wird nicht zerschnitten und die Kleinstlebewesen im Boden werden geschont;
- zurückhaltender und gezielter Einsatz von Spritzmitteln;
- Grünbrache – Saaten, die keine Ernte ergeben, sondern dem Boden Luft und Biomasse zuführen.

All diese sinnvollen Massnahmen erfordern zusätzlichen Aufwand an Arbeit und Finanzen. Die Marktgesetze haben dafür wenig Verständnis. Sie fordern momentanen Profit.

Wenn der Erde die Luft ausgeht

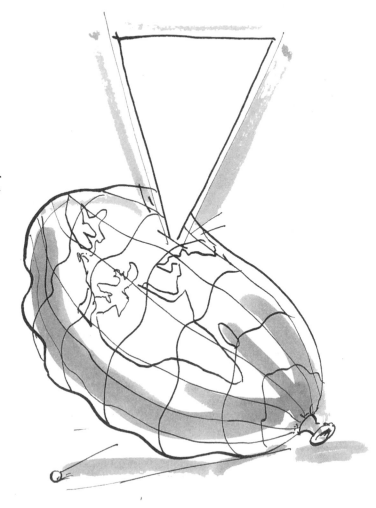

Die nichterneuerbare Energie ist relativ billig. Der freie Markt rechnet folgende Fakten nicht ein:

- Energie aus Erdöl, Erdgas und Uran sind nicht erneuerbar.
- Die Verwendung dieser Energien hinterlässt Probleme, deren Kosten nicht gedeckt sind, wie z.B. Lagerung der Atomabfälle, Ozonloch usw.

Wir verbrauchen Energie auf Kosten unserer Nachfahren.

Dank der billigen Energie können heute Nahrungsmittel und andere Produkte zu tiefen Kosten um die ganze Welt transportiert werden. Die tiefen Transportkosten machen es lohnend, von tiefen Löhnen in andern Ländern zu profitieren.

Diese Tatsachen führen zu einer steten Zunahme des Verkehrs.

Wer regionale Produkte konsumiert, leistet einen Beitrag zur Reduktion des Verkehrs und zur Minderbelastung der Erdatmosphäre.

Unter dem Druck des Marktes haben viele Bäuerinnen mit grosser Innovationskraft ihr regionales Marketing verbessert. Der Direktverkauf ab Hof oder auf dem lokalen Markt bietet regionale Spezialitäten an und fördert den Kontakt zur übrigen Bevölkerung.

Übrigens: der Anteil des Freizeitverkehrs an den zurückgelegten Distanzen beträgt 54,3 %.

Klimaveränderung

Die Atmosphäre ist wie eine dünne Haut, die Mutter Erde
schützt. Schon kleine Hautverletzungen führen zu empfind-
lichen Reaktionen.

Wetterkapriolen und Wetterextreme hat es schon immer
gegeben. Sie sind nicht neu. Neu ist die Häufung der
Extreme.

Beispiele:
1987 Kanton Uri: Schädigungen durch ein Hochwasser.
1990 Surselva (Graubünden) und Kanton Glarus:
Orkan „Vivian" entwaldet grossflächig Berghänge.
1991 Randa bei Zermatt: Fels- und Schlammmassen
rutschen zu Tal, stauen den Bach und setzten das halbe
Dorf unter Wasser.
1993 Brig (Oberwallis): Zerstörung des historischen Zen-
trums durch einen über die Ufer tretenden Bergbach.
1999 Schweiz, Frankreich, Österreich (Galtür): mehrere
Lawinenkatastrophen, im Frühjahr Rekordhochwasser.
1999 Frankreich, Schweiz, Deutschland: Orkan „Lothar".
2000 Wallis, Tessin, Aostatal: Zerstörung von Siedlungen und
Kulturland durch Schlammlawinen und Hochwasser.
2001 Täsch, Oberwallis: Eine Schlamm- und Gerölllawine
beschädigt viele Häuser im Ort.

Von diesen Extremen ist die Landwirtschaft besonders
betroffen: Nässe, Trockenheit, Winderosion etc.

Wer mit dem Land wirtet, versucht mit der Natur zu leben,
sich ihren Bedingungen zu beugen. Der freie Markt fragt
einfach: wo ist das gewünschte Produkt jetzt günstig zu
haben?
Der Markt beginnt auf die Zunahme der Elementarschäden
zu reagieren (Versicherungen).
Grosse Anstrengungen auf der persönlichen, der beruflichen, wirtschaftlichen und politischen Ebene sind nötig,
damit die dünne Haut der Erde, die Atmosphäre, geschützt
wird.

Luft ist nicht Luft

Die Atmosphäre ist die Lufthülle der Erde. In den erdnahen 20 km findet sich der lebenswichtige Sauerstoff. Die darüber liegende Ozonschicht schützt uns vor den UV-Strahlen. Ozonkonzentrationen in der untern Lufthülle dagegen behindern die Atmung.

Diese Lufthülle ist beschränkt, kontingentiert. Wird die dünne Haut unserer Erde verletzt, ist die Zerstörung kaum rückgängig zu machen. Doch auch unsere Nachkommen brauchen noch Luft.

Die Landwirtschaft macht grosse Anstrengungen, damit sie ihren Beitrag leistet. Gülle und Mist sind wegen ihrer Dämpfe nicht unproblematisch. Die Industrialisierung der Landwirtschaft mit Grossherden verschärft das Problem.

Massnahmen:
- Die Gülle wird mit dünnen Schläuchen direkt dem Boden abgegeben. Die Luft wird so wesentlich weniger belastet.
- Der Viehbestand pro Hektare ist festgeschrieben.
- Mist und Gülle werden in der Nährstoffbilanz genau erfasst und in den Kreislauf einbezogen.

Die landwirtschaftliche Arbeit wird in unserer Gesellschaft oft wie Luft behandelt, weil sie aufwendig ist und nicht ins marktwirtschaftliche Schema passt.

Unsere Gesellschaft lebt, als wären Essen und Luft garantiert; sie müssen billig oder sogar gratis sein. Wer fürs Essen arbeitet, darf wie Luft behandelt werden. Das gilt auch für das Service- und Küchenpersonal. Die Luft selbst sieht man nicht – man merkt nur, wenn sie fehlt oder wütend wird, z.B. ein Orkan tobt. Mit der Landwirtschaft verhält es sich ganz ähnlich.

Ferien

Für viele Menschen sind Ferien heute eine Selbstverständlichkeit.

In den Ferien können sie ihre Naturverbundenheit ausleben. Sie geniessen die Natur und gehen ihren Hobbys nach.

- Zeit für den Hund und den Garten
- Touren mit dem Velo oder zu Fuss
- Ferien auf dem Bauernhof
- Übernachten im Stroh, im Zelt
- Pfadfinder- und Jungscharlager
- Sonne, Wasser, Landschaft, frische Luft geniessen

Eine solche Naturverbundenheit nimmt Rücksicht auf die Luft unserer Erde, auf die Ökologie überhaupt.

Weniger Rücksicht auf die dünne Haut der Erde nehmen die Ferienreisenden in ferne Länder.

Auch im Ausland ist verschiedenes Verhalten möglich:

- Rücksichtsloser Konsum und hohe Ansprüche – es soll gleich sein wie zuhause, nur viel wärmer und billiger. Oder:
- Interesse für das Gastland und seine Leute – das bringt den Einheimischen Arbeit und Geld, den Gästen eine kulturelle und menschliche Bereicherung.

Viele Bauernfamilien bieten Ferien auf dem Bauernhof an, können sich selber jedoch kaum Ferien leisten: wegen ihren Tieren und wegen den hohen Kosten.

Die einheimische Ernte vieler Früchte und Gemüse findet gerade dann statt, wenn Tausende von Schweizerinnen und Schweizern im Ausland in den Ferien sind. Das drückt schmerzhaft auf Konsum und Preis.

Auswärts essen

Ein grosser Teil der Bevölkerung isst regelmässig auswärts:

- weil der Arbeitsplatz zu weit von zuhause weg ist;
- weil man Freunde trifft, etwas feiert, im Ausgang ist.

Was „gluschtet" mich? Was will ich ausgeben? Wie viel Zeit habe ich? Das sind die Fragen beim Lesen der Speisekarte.

Zu wenig gestellt werden diese Fragen:

- Sind die Gemüse, Salate und Desserts saisongerecht?
- Wie viele Transportkilometer hat der Wein hinter sich?
- Von wo stammt das Fleisch? – Wirte sind zu einer Fleischdeklaration verpflichtet.

Zählt auch beim Auswärts-Essen die Ethik?

In Küche und Service arbeiten viele ausländische Angestellte, auch in Kaderpositionen. Sie kommen aus ganz verschiedenen Kulturen und Weltgegenden. Wie sollten sie eine Beziehung zu unsern einheimischen Produkten und Produzenten haben?

Auch deshalb entsprechen Gemüsebeilagen und Salatteller oft einem Standard-Schema und nicht der Saison. Das Fleischangebot richtet sich allein nach dem Preis und nicht nach der Tierhaltung. Stetes und freundliches Nachfragen der Gäste tut aber seine Wirkung.

Verzichten die Gäste darauf nachzufragen, nehmen Ahnungslosigkeit und Gleichgültigkeit den einheimischen Produzenten den Schnauf und vermehren unnötig Transportkilometer.

Die Löhne im Gastgewerbe sind tief wie in der Landwirtschaft – Arbeit fürs tägliche Brot hat einen tiefen Stellenwert. Trotz dem „Service inbegriffen" ist ein gutes Trinkgeld nötig.

Damit die Luft nicht ausgeht

Durch Industrialisierung und Technisierung hat die Dienst-
leistungsgesellschaft den Kampf für das tägliche Brot
gewonnen und leistet sich durch die freiwerdenden Kräfte
vieles dazu: Ferien, Mobilität, soziale Sicherheit etc. Das
Streben nach immer mehr Komfort und Luxusgütern verdrängt die Sorge um das tägliche Brot. So entsteht
Druck auf die Nahrungsmittelpreise.

Über Handel und Verarbeitung wird dieser Druck an die
Bauernfamilien weitergegeben. An wen sollen Landwirte
ihrerseits den Druck weitergeben?

- An die Natur? – dagegen sprechen mit Recht die ökolo-
  gischen Auflagen.
- An die Angestellten? – dagegen sprechen mit Recht
  soziale Auflagen.
- An die Familie? – dagegen sprechen Scheidungen auf
  Bauernhöfen, fehlende Hofnachfolge, Familienkonflikte.
- An den Körper? – dagegen sprechen die gesundheitlichen
  Folgen.
- An Seele und Geist? – dagegen sprechen (Erschöpfungs-)
  Depressionen und andere psychische Erkrankungen.
- Liegt die Lösung in Betriebsvergrösserungen? – dagegen
  spricht: Länder mit viel grösseren Landwirtschafts-
  Betrieben als die Schweiz stehen z.T. vor noch grösseren
  Problemen.

Auf den Bauernfamilien lastet viel vom Druck der Wohl-
standsgesellschaft. Ihnen droht immer wieder die Luft
auszugehen. Gerade deshalb ist das Kämpfen für das Wirten
mit dem Land und seine Werte auf allen Ebenen lohnend:
religiös-ethisch, wirtschaftlich und politisch, regional,
national und international – damit uns allen die Luft nicht
ausgeht!

BLICK IN DIE ZUKUNFT
Zu grosse Macht zerfällt

Im Traum sieht König Nebukadnezar ein riesiges Standbild... Es ist aus Gold und Silber. Seine Füsse sind aus Eisen und Ton. Da trifft ein Stein die Füsse aus Eisen und Ton. Das ganze Standbild bricht zusammen, es zerfällt zu Staub und wird vom Wind verweht.

nach Daniel 2,31-35

Das Standbild ist ein Symbol der Macht. Es steht auf Füssen aus Ton (= Symbol der Schwachheit) und aus Eisen (= Symbol der Stärke). Auf tönernen und eisernen Füssen steht jede Macht, jeder Betrieb steht auf Schwächen und Stärken.

Je grösser die Macht, desto grösser ihr Gewicht. Schlägt ein ganz gewöhnlicher Stein auf die tönernen Füsse, so fällt das ganze riesige Standbild unter seinem eigenen Gewicht zusammen. Die stete Vergrösserung der Betriebe ist daher keine Lösung.

Ein Blick in die Geschichte bestätigt diese biblische Aussage: das Reich von König Nebukadnezar, das Römische Reich, das Tausendjährige Reich Hitlers, das Britische Empire, das Sowjetimperium ... sie alle sind untergegangen. Ebenso sind hochgejubelte Gross-Betriebe zusammengebrochen.

Dem hält diese Ethik das Subsidiaritätsprinzip entgegen: Was auf der unteren Ebene zu leisten und gestalten ist, soll nicht auf einer höhern Ebene entschieden werden. Das ist auch ein Vorbehalt gegenüber der EU-Agrarpolitik.

Das Wirten mit dem Land errichtet keine mächtigen Reiche. Aber durch Säen und Ernten sorgen die Landwirtinnen und Landwirte für das tägliche Brot, von Generation zu Generation.

Reizwort: Gentechnik

„Gentechnik" ist ein Eingriff in die Natur. Das Eingreifen des Menschen in die Natur ist nichts Neues. Auch die traditionelle Züchtung ist ein Eingriff. Die Menschheit wäre übel dran, müsste sie sich von der Urform des Getreides ernähren.

Die Gentechnik ermöglicht ungeahnte Fortschritte in der Medizin. Lebenswichtige Medikamente können dank der Gentechnik schnell, günstig und ohne tierische Basis hergestellt werden.

Der Landwirtschaft verheisst die Gentechnik neue Chancen. Kritische Fragen helfen in der Beurteilung:

- Welchen Unterschied macht es, ob in einem geschlossenen Raum gentechnisch hergestellte Produkte eingesetzt werden – oder draussen in der Natur?
- Lassen sich Folgeschäden gentechnischer Eingriffe vermeiden? Sind wir sicher vor unliebsamen Kettenreaktionen?
- Wie steht es mit den Folgekosten? Beim Atomstrom z.B. kam diese Frage – zu – spät.
- Können die Zuchterfolge in der Landwirtschaft mit Geduld auch auf traditionellem Weg erreicht werden?
- Wie begegnen wir der unheimlichen Machtkonzentration, die sich mit der Gentechnik verbindet? Wie vermeiden wir eine fatale Abhängigkeit von einzelnen Unternehmen? Wie können diese Unternehmen vor terroristischen oder machtpolitischen Manipulationen geschützt werden?
- Welche rechtlichen Mittel geben den nötigen Schutz? Beispiele sind Landwirteprivileg und Kartellrecht.
- Ist die Gentechnik ein moderner Turm zu Babel oder die wunderbare Speisung der Fünftausend? Oder beides?

Reizwort: WTO

World Trade Organisation = Welthandelsorganisation

Die Schweiz als kleines, rohstoffarmes, vom Export abhängiges Land, ist auf die WTO angewiesen. In der aktuellen Verhandlungsrunde spielt die Landwirtschaft eine Schlüsselrolle. Die Agrarexportländer drängen auf eine weitere Liberalisierung des Welthandels.

Für die Ethik ist von Bedeutung:

- **Regeln für den Handel** schützen auch die Schwachen, da ohne sie nur das Recht des Stärkern gilt.
- Für alle Vereinbarungen, auch für Neueintritte in die WTO, erweist sich die **Landwirtschaft als Stein des Anstosses.**
- Weltweit sind die **Agrarpreise unter massivem Druck**. Das hat ökologisches und soziales Dumping zur Folge.
- Die **Multifunktionalität** ist in der WTO verankert. Sie muss aus- und nicht abgebaut, die soziale und ökologische Dimension vermehrt berücksichtigt werden – gerade wegen den Entwicklungsländern.
- Die **internationalen Bemühungen** müssen aufeinander bezogen werden: Handel – Entwicklung – Ernährung – Klima – Gesundheit – Armutsbekämpfung – Kultur – Arbeit.
- Die Schweiz ist ein **Exportland** für Industrie- und Dienstleistungsprodukte. Mit 60 % Selbstversorgung in der Landwirtschaft sind wir auf Agrarimporte angewiesen.
- Es ist vernünftig, wenn die **Entwicklungsländer** in erster Linie Agrarprodukte, die Industrieländer Industrie- und Dienstleistungsprodukte exportieren – aber je zu sozial und ökologisch verträglichen Bedingungen (faire „Development Box")
- Die Verhandlungen würden transparenter, wenn die **Multinationalen Gesellschaften (TNC)** einerseits, die **Nichtregierungsorganisationen (NGO)** andererseits bei der WTO direkt vertreten wären.

Die Bauernfamilie

Folgende gesellschaftlichen Entwicklungen machen auch vor den Bauernfamilien nicht Halt:

- **Kleinfamilie:** Eine Familie mit mehr als 3 Kindern gilt heute als Grossfamilie. Das reduziert die Möglichkeiten der Mitarbeit im Betrieb und der Nachfolge.
- **Heiratsalter:** Das Heiratsalter hat sich in den letzten 30 Jahren um 10 Jahre nach oben verschoben. Warten die Eltern die Heirat des Sohnes/der Tochter ab, hat das Auswirkungen bei der Hofübernahme.
- **Berufstätigkeit der Frau:** Oft verdient die junge Frau in ihrem erlernten Beruf mehr als der Landwirt, der zusätzlich auswärts als Hilfskraft oder – bei schlechten Preisen – auf dem Hof arbeitet.
- **Verantwortung:** Junge Leute sehen in der Verantwortung oft mehr die Last als die Lust. Die Führung eines Landwirtschaftsbetriebes bedeutet grosse Verantwortung.
- **Soziale Aufgeschlossenheit:** In sozial ausgerichteten Tätigkeiten sind heute die Frauen in der Mehrzahl (Schule, Kirche, Sozialarbeit, Pflege etc.). Für gesellschaftliche Entwicklungen aufgeschlossener als der Mann, bringt die Frau neuen Konfliktstoff in die Bauernfamilie, die Lebens- und Arbeitsgemeinschaft in einem ist.
- **Zunahme der Working Poor** (= Leute, die trotz harter Arbeit arm sind): dazu gehören heute viele Bauernfamilien.
  Das statistische Einkommen der Bauernfamilien ist besorgniserregend tief. Die Ergebnisse von 2002 zeigen ein Betriebseinkommen von durchschnittlich Fr. 51 500.–, eine Arbeitskraft verdiente durchschnittlich Fr. 30 262.-

Gesellschaftliche Entwicklungen treffen die Bauernfamilien nicht nur als Privat-Familien, sondern als Betriebsangehörige und Berufsleute.

Familienbetriebe – eine sinnvolle Lebensform

In folgenden Punkten ist die Situation der Bauernfamilie gegenläufig zur heutigen Gesellschaft. Vieles trifft auch für Familienbetriebe in andern Gewerbezweigen zu.

- **Werden, Wachsen und Vergehen** sind mit Staunen und Geheimnis verbunden; sie gehören zum Lebendigen. Wer das Geheimnisvolle verloren hat, sucht es heute oft in der Esoterik.
- **Ganzheitliches Denken, Handeln und Leben:** Durch seine vielen Möglichkeiten und Pflichten ist der heutige Mensch mehrfach gespalten. Er lebt in der Welt der Arbeit, der Hobbys, der Familie, des Freundeskreises, der Ferien etc. Dem stellt die Bauernfamilie ein ganzheitliches Lebensmodell gegenüber, das nachhaltig ist. Familienleben und Berufsleben sind eng ineinander verwoben, auch Arbeit und Freizeit.
- **Eigen-Verantwortung:** Kinder lernen von klein auf die Arbeit der Eltern kennen und übernehmen ihrem Alter entsprechend Verantwortung. Von vielen Freizeitproblemen wird die moderne Bauernfamilie verschont. Darum versuchen Sozial-Projekte psychisch, sozial und geistig Behinderte auf Bauernhöfen zu platzieren.
- **Anwesenheit des Vaters:** Ausserhalb der Vollerwerbs-Landwirtschaft und des Gewerbes arbeiten heute fast alle Väter auswärts. Sie fehlen den Jugendlichen als Vorbilder. Der Landwirt dagegen ist auch während seiner Arbeit im Kontakt mit der Familie.
- **Sorgfalt im Umgang mit anvertrautem Gut:** Wem Eigentum anvertraut ist, lernt damit umzugehen und weiss, welche Arbeiten mit Land und Gebäuden verbunden sind. Er/Sie hat höhere Hemmschwellen, fremdes oder öffentliches Eigentum zu beschädigen oder zu verschwenden.

Familienbetriebe – im Spannungsfeld der Gesellschaft

- **Urproduktion und Dienstleistung:** Die Landwirtschaft wird dem primären Sektor (Urproduktion) zugeordnet. Gleichzeitig ist sie auch im sekundären (Industrie) und im tertiären Sektor (Dienstleistung) tätig. Gesellschaftspolitisch befindet sich die Bauernfamilie im Schnittpunkt dieser drei Sektoren.

- **Arbeit und Kapital:** Die Bauernfamilie ist (meistens) Eigentümerin des Landes, das sie bewirtschaftet. Vom Kapital her gesehen sind die meisten Bauernfamilien reich. Dieses Kapital ist aber gleichzeitig die Basis, auf der die Bauernfamilien selber arbeiten. Sie sind ihre eigenen Angestellten. Der Konflikt zwischen Arbeit und Kapital spielt sich auf ihrem Grund und Boden, in der Familie, in der eigenen Person ab.

- **Wünsche und Mängel:** Sie beziehen sich im heutigen Leben auf Naturverbundenheit, Tradition, Ökologie, ganzheitliches Leben, Familiensinn. Diese Wünsche und Mängel werden oft auf die Bauernfamilien projiziert. Diesen Projektionsmechanismus gilt es zu erkennen und geschickt damit umzugehen.

- **Produzieren und Reproduzieren:** Das Wirten mit dem Land ist eine produktive Arbeit (z.B. ernten) und ebenso eine reproduktive Arbeit (z.B. Pflege der Landschaft). Diese beiden Arbeiten stehen in Spannung zueinander: innerhalb des Bauernbetriebes und innerhalb unserer Gesellschaft.

Der Familienbetrieb ist kein Auslaufmodell. Vielmehr nimmt er gesellschaftliche Probleme konstruktiv auf und zeigt Lösungsansätze.

Nachfolge

Familiäre und politische Spannungen können abgebaut werden, wenn die Nachfolge auf Nicht-Familienmitglieder ausgeweitet wird.

Dieses Tabuthema gehört ans Tageslicht, denn:

- es darf nicht sein, dass gute Betriebe aufgegeben werden, nur weil Bauernsöhne in einem andern als dem Bauern-Beruf glücklich und tüchtig sind;
- es ist befreiend, wenn das Glück einer guten Nachfolge nicht von der Berufswahl der Kinder abhängt;
- auch in der Landwirtschaft sollen die Tüchtigsten und Motiviertesten zum Zug kommen – Söhne und Töchter von Landwirten und aus nichtbäuerlichen Familien;
- die Direktzahlungen werden für neue Kreise verfügbar – das erhöht ihre Akzeptanz.

Die Voraussetzungen dafür sind:

- ein grosses Umdenken und Anpassungen des bäuerlichen Erbrechts;
- es müssen Wege gefunden werden, die Hof-Übernahme zum Ertragswert allen Nachfolgern und Nachfolgerinnen zu ermöglichen. Doch: wer übernimmt die Differenz zwischen Ertragswert und Marktwert?

Besitz an Grund und Boden darf nicht endgültig verkauft werden, weil das Land nicht euer, sondern mein Eigentum ist. Ihr lebt bei mir wie Fremde, denen das Land nur zur Nutzung überlassen ist.
5. Mose 25,23

Das sagt Gott zum Volk Israel, ruft so die Besitzenden in die Verantwortung, befreit sie gleichzeitig von der totalen Identifizierung mit ihrem Grund und Boden.

Beruf oder Job?

Das Wort **„Beruf"** kommt von „rufen", „berufen" und hat ursprünglich eine religiöse Bedeutung.

> Jesus sah zwei Brüder, die von Beruf Fischer waren. Sie warfen gerade ihre Netze aus. Er sagte zu ihnen: Geht mit mir! Ich mache euch zu Menschenfischern.
>
> Nach Matthäus 4,18-19

Gott beruft mich in meine Aufgabe. Darum bin ich mit Leib und Seele dabei. Als Berufener arbeite ich mit Überzeugung und Engagement. Der Lohn ist nicht die Hauptsache. Beruf und Freizeit lassen sich nicht strikt trennen. Der Beruf lässt sich schwer in Haupt- und Nebenerwerb teilen. Den Beruf wechsle ich nur, wenn ich eine neue Be-Rufung erhalte. Genau so wie Gott uns nach der Bibel eine Lebensaufgabe und Werk-Tage gegeben hat, gibt er uns Sonn- und Feiertage und schenkt uns Ruhe.

Das Wort **„Job"** kommt aus dem Englischen und bedeutet: das tun, was gerade gefragt ist. Es ist zweitrangig, womit ich mein Geld verdiene, wichtig ist, was herausspringt. Ist der Job geistig-seelisch unbefriedigend, muss die Freizeit die innere Leere, den Frust ausfüllen. Je mehr Freizeit, desto besser, egal ob an Sonn-, Werk- oder Feiertagen. Den Job kann ich wechseln – je nach Umständen. Ich bin angestellt und wenn man mich nicht mehr braucht, werde ich abgestellt.

„Bäuerin" und „Bauer", „Landwirt" und „Landwirtin" sind Berufe – keine Jobs. Das Wirten mit dem Land ist eine Berufung.

Als Minderheit leben

Bäuerinnen und Landwirte machen bei uns heute eine kleine Minderheit aus – wie in allen Industrieländern.

Der Anteil der in der Landwirtschaft tätigen Bevölkerung: 1850: 48%; 1900: 31%; 1941: 20%; 2002: 4%.

2003 gibt es in der Schweiz mehr Asylsuchende und Arbeitslose als Bäuerinnen und Landwirte.

Bauernfamilien müssen lernen, als Minderheit zu leben. Minderheiten haben bestimmte Eigenheiten:

- Auf die Minderheit projiziert die Mehrheit ihre Wünsche und Ängste.
- Projektionen kann niemand verhindern – bewusst und geschickt damit umzugehen ist lernbar.
- Minderheiten sind oft zerstritten – zu ihrem Schaden und zum Nutzen der Mehrheit.
- Trägt eine Minderheit Uneinigkeiten an der Öffentlichkeit aus, gibt sie machtgierigen Einzelnen Gelegenheit, sich zu profilieren und zu profitieren.
- Minderheiten sind in der demokratischen Gesellschaft auf Verbündete angewiesen.
- Minderheiten sind auf eine starke Identität angewiesen, das verstärkt die Tendenz zur Abkapselung.
- Identifiziert sich die Minderheit unüberlegt mit der Mehrheit, steuert sie in die Selbstauflösung.

Bewusst in einer Minderheit zu leben, ist eine grosse Herausforderung und Chance zugleich. In geringer Macht liegt nicht nur Schwäche, sondern auch Verheissung. Das gilt auch für landwirtlich und kirchlich engagierte Menschen.

Stadt und Land

Stadt und Land brauchen und ergänzen einander.

Problemfelder der Städte:
Die Stadtkerne verlieren an Lebensvielfalt. Wohnraum, Büros und Geschäfte werden hinausverlegt; die Folge ist eine wirtschaftliche, soziale und kulturelle Verarmung.

Problemfelder des Landes:
Die Randregionen entleeren sich. Arbeitsplätze gehen verloren. Landwirtschaftsbetriebe, Poststellen, Schulhäuser werden geschlossen, Vereine lösen sich auf, das kulturelle Leben schwindet. Die Jungen wandern in die Agglomerationen ab.

Problemfelder der Agglomerationen:
Die Agglomerationen wachsen oft unkontrolliert. Aus Dörfern werden Vorstädte und Schlafgemeinden. Infrastrukturen müssen angepasst werden: z.B. Schulhäuser, Strassen. Die Anonymität wächst. Die verbleibende Landwirtschaft wird eingeengt oder verdrängt.

Die Folgen sind:
Verstädterung des Landes, Entleerung der Randregionen, Verödung der Städte, Zunahme des Berufs- und Freizeitverkehrs.

Lösungsansätze:
- die Wohnqualität in den Innenstädten erhöhen;
- Verdienstmöglichkeiten in den Randregionen fördern;
- Wahrung und Entwicklung von Kultur.

Stadt und Land müssen lernen, Probleme gegenseitig ernst zu nehmen und miteinander Lösungen zu suchen. Das erhöht die Lebensqualität in Stadt und Land.

Entschleunigung

Das heutige (Wirtschafts-) Leben treibt die Menschen zu immer höherem Tempo an. Was ich heute bestelle, muss „sofort!" da sein. Wer marktfähig bleiben will, muss das Tempo halten.

Mit dem Land wirten bedeutet dagegen: sich in natürlich gegebenen Grenzen, auch im Tempo, bewegen.

- Der Wuchs der Pflanzen kann mit natürlichen Mitteln nicht beliebig beschleunigt, wohl aber begünstigt werden.
- Das Wachsen ist von Regen und Sonnenschein abhängig. Regen und Sonnenschein richten sich nicht nach dem Markt.
- Die Milchmenge ist abhängig von lebenden Tieren, die sich nicht beliebig häufiger oder seltener melken lassen.
- Fleisch ist ein Produkt, das über mehrere Monate oder Jahre erzeugt wird: durch Aufzucht und Mast. Dem Wachstumstempo sind von der Natur Grenzen gesetzt.
- Mit dem Land wirten ist die Auseinandersetzung mit dem Lebendigen. Das Lebendige hat seinen eigenen Rhythmus.

Viele Menschen leiden heute unter der ständigen Beschleunigung und beklagen die Hektik des täglichen Lebens. Die Zahl der psychisch Erkrankten und vorzeitig Pensionierten wächst. Unser Lebens-Tempo wird für viele unerträglich, ja un-menschlich, das Leben selber Sinn-los.

Entschleunigung ist das Gegenteil von Beschleunigung. Sie ist nötig, um zur Be-Sinnung zu kommen und dem Leben neuen Sinn zu geben.

Das Wirten mit dem Land hat einen engen Bezug zum Lebendigen und kann Wegbereiter der Entschleunigung sein. Das Minus – ungenügende Beschleunigung – wird, genau gesehen und langfristig, zum Plus.

Eine gute Lebensversicherung

Das Wirten mit dem Land und die Landwirtschaft gleichen einer guten Lebensversicherung: sie kosten etwas. Wir sind froh, wenn wir nicht auf sie angewiesen sind und glücklich, sie zu haben, wenn wir sie brauchen.

Mit dem Land wirten als Lebensversicherung der Industrieländer und als Lebenssicherheit der Entwicklungsländer – das ist eine realistische Vision.

- Der Boden bewahrt seine Fruchtbarkeit.
- Landwirtliches Wissen bleibt erhalten, wird weiterentwickelt und weitergegeben: es ist das unentbehrliche Wissen vom Säen und Ernten, Züchten und Melken, Käsen, Mahlen und Metzgen, Holzen, Hegen und Pflegen – kurz, es geht um das Wissen vom täglichen Brot und von den nachwachsenden Rohstoffen.
- Vielfältiges Wirten mit dem Land auf möglichst vielen landwirtschaftlichen Familienbetrieben schützt vor Machtkonzentration und -missbrauch im Bereich der Lebensmittel und Rohstoffe. Wo landwirtliches Wissen aus ganzen Landesteilen verschwindet, wird es von der Technik in den Händen weniger abgelöst. Machtgier und Terrorismus finden ein weiteres Betätigungs-Feld.

Tatsachen:
- die Schweiz gibt nach Budget 2003 aus: 7,6 % für Landwirtschaft und Ernährung; 9,2 % für Landesverteidigung; 14,4 % für Verkehr.
  Von 1990 bis 2000 sind in der Landwirtschaft 17 600 Vollzeit- und 38 900 Teilzeitstellen abgebaut worden.
- Entwicklungsländer: Zunahme von Nahrungsmittelimporten durch Förderung des einseitigen Rohstoffanbaus und als Folge sinkender Rohstoffpreise.

Kontingentierung

„Kontingentierung" ist in der Landwirtschaftspolitik ein Reizwort.
An sich ist „Kontingentierung" etwas ganz Natürliches. Wer sich mit dem Lebendigen auseinandersetzt, muss sich auch mit Kontingenten auseinandersetzen.

Kontingentierungen sind natürliche Begrenzungen wie:
- die Fläche der bewohnbaren Erde
- der Süsswasservorrat der Erde
- die Lufthülle, die unsere Erde umgibt
- die Sonnenscheindauer
- die Jahreszeiten
- die Arbeitskraft des Menschen
- die Lebenszeit von Menschen und Tieren
- das Fassungsvermögen des Magens von Mensch und Tier
- die Anzahl guter Fleischstücke pro geschlachtetes Tier

Ständiges Wachstum, wie der Markt es fordert, kommt in der Natur auch vor – nämlich als Krankheit.

**Unaufhörliches Wachstum bedeutet Krebs.
Krebs ist lebensbedrohend.**

Wer mit dem Land wirtet, bewegt und entwickelt sich innerhalb von natürlichen Begrenzungen, eine Folge der Auseinandersetzung mit dem Lebendigen.

Kontingentierungen im Agrar-Markt sind nichts anderes als die marktwirtschaftlichen Entsprechungen eines ganz natürlichen Phänomens in der landwirtlichen Arbeit.

Auf dem Agrarmarkt

Der freie Markt hat Mühe mit den Eigenheiten des Agrarmarktes.

- Der Nahrungsmittel-Markt ist begrenzt und instabil. Man kann nicht mehr als bis zur Sättigung essen – zuwenig und zuviel rücken ganz nah zueinander und verursachen auf dem freien Markt enorme Preisschwankungen.
- Landwirtschaft ist an den Rhythmus des Lebendigen gebunden.
- Das Wirten mit dem Land richtet sich auf nachhaltige Werte aus (z.B. Bodenfruchtbarkeit) und nicht, wie der freie Markt, auf kurzfristigen Profit.
- Zum Wirten mit dem Land gehört reproduktive Arbeit (z.B. Landschaftspflege), die mit anderen reproduktiven Arbeiten (z.B. Erziehung) vergleichbar ist.
- Der Agrarmarkt ist ein emotionell diffiziler Markt: es geht um unsere Lebens-Mittel und unsere Lebens-Versicherung.
- Die Landwirtschaft kann nicht immer und auf alle Marktschwankungen reagieren (z.B. Wetter).
- Der Nahrungsmittelmarkt ist naturgemäss bedarfsorientiert, während die übrige Wirtschaft angebotsorientiert ist.
- Der Weltmarkt verfälscht Preise durch Externalisierung der ökologischen Kosten (z.B. Luftverschmutzung bei Transporten).
- Agrarprodukte sind ihrer Natur nach homogen: Milch ist Milch. Eine Uhr dagegen ist ein heterogenes Produkt. Sie kann Werkzeug, Schmuck oder Sportgerät sein.
- Abhängigkeit vom Abnehmer: viele Produzenten stehen wenigen Grossverteilern gegenüber, die wiederum eine Vielzahl von Konsumentinnen und Konsumenten versorgen.
- Abhängigkeit vom Boden: die Produzenten in andern Wirtschaftssektoren können ihren Standort (beliebig) wechseln (Billiglohnländer), landwirtschaftliche Familienbetriebe dagegen sind auf ihren Boden angewiesen.

Hunger

Lebensmittel sind Mittel zum Leben. Wir können auf vieles verzichten – ausser auf Lebens-Mittel. Nichts ist folglich wertvoller als Lebens-Mittel. In Drittweltländern, wo Hunger zum Alltag gehört, gilt das. In der Schweiz haben die Menschen noch nie so wenig Geld für Lebensmittel ausgegeben wie heute – durchschnittlich 8% des Einkommens. 1960 waren es noch 26%. In keinem Land der Welt geben die Menschen so wenig für ihre Nahrung aus.

Ethisch stellt sich die Doppel-Frage:
- Wie billig **müssen** die Nahrungsmittel sein, damit die ganze Bevölkerung sich gesund ernähren kann?
- Wie billig **dürfen** die Nahrungsmittel sein, damit ihre Bedeutung als Lebens-Mittel erhalten bleibt?

Beantwortet unsere Gesellschaft diese Doppelfrage unüberlegt, droht ihr doppelte Gefahr:
- Der Lebensmittelhandel gelangt in die Hand von wenigen – dem Missbrauch und Terror werden Tür und Tor geöffnet.
- Wissen und Können der Lebensmittel-Produktion gehen verloren – der Hunger steht vor der Tür.

Daher die dringende Frage:
- Wie teuer müssen Lebens-Mittel sein, damit genügend fähige Leute im Lebensmittel-Sektor arbeiten?

In der Landwirtschaft ist die Versuchung, Schwarzarbeiter einzustellen, gross: aus dem Osten kommen Arbeitswillige, die mit dem tiefen Lohn in der Landwirtschaft zufrieden sind. Mittel- und Westeuropäer sind kaum mehr interessiert.

Kommunikation

Kommunikation mit Herz, Hand und Kopf ist für die Zukunft des Landwirtens entscheidend.

- Ich beobachte und achte die Schöpfung – ich staune und lerne.
- Ich achte auf meinen Glauben, indem ich bete, meditiere, Gottesdienste mitfeiere – so trage ich Sorge zu den Wurzeln, die mich tragen.
- Ich achte das Lebendige mitten in lebensfeindlicher Hektik – und bewahre meine Identität.
- Ich pflege den Kontakt zur Kirche – und frage mit ihr nach den Werten des Lebens.
- Ich nehme mir Zeit für das Gespräch mit meiner Partnerin/meinem Partner – weil von unserer Beziehung das Gedeihen der Familie und des Betriebes abhängt.
- Immer neu suche ich den Kontakt zur älteren/jüngeren Generation – Alt und Jung sind aufeinander angewiesen.
- Ich interessiere mich für die Anliegen von Kolleginnen und Kollegen aus andern Produktionszweigen – damit wir Berufsleute solidarischer werden.
- Ich pflege den Kontakt mit den Menschen aus der Stadt/vom Land – denn wir brauchen die gegenseitige Unterstützung für unsere Anliegen.
- Ich öffne mich für die Probleme anderer Berufe – denn ich möchte verstehen und verstanden werden.
- Ich weiche den Konflikten nicht aus und schäme mich nicht, Hilfsangebote anzunehmen – denn Konflikte gehören zum Lebendigen.

**Gott, schenke mir Gelassenheit,
das hinzunehmen, was ich nicht ändern kann,
Mut, das zu ändern, was ich ändern kann,
und Weisheit, das eine vom andern zu
unterscheiden.**

Für die Kinder

... fanden das Kind mit seiner Mutter Maria, warfen sich vor ihm nieder und huldigten ihm.
Matthäus 2,11

Einen weiten Weg haben die drei Männer aus dem Morgenland zurückgelegt. An ihrem Ziel angekommen, knien sie vor dem Kind im Stall nieder.

Die drei Männer werden beschrieben als Könige: Als Repräsentanten der Politik knien sie demütig vor dem Kind.
Damit bezeugen sie, dass sie weniger an den königlichen Auftritt als an die Kinder und deren Zukunft denken.
Die drei Männer beugen sich vor der Nachhaltigkeit und der Zukunft, dargestellt im Kind.

Die Drei werden beschrieben als Weise und Sterndeuter: Als Repräsentanten der Wissenschaft knien sie demütig vor dem Kind.

Die drei Weisen werden zu Vertretern einer nachhaltigen Forschung: nicht Selbstzweck, Ruhm, Geld bewegen sie, sondern die Zukunft der Kinder.

Diese drei Repräsentanten von Politik und Wissenschaft suchen zuerst in der Stadt und werden aufs Land verwiesen. Sie landen in einem Stall in Bethlehem. An ihrer Geschichte sehen wir, was Wirten mit dem Land bedeutet: die demütige Ausrichtung auf die Kinder und deren Zukunft.

Wegen ein paar Hirten auf dem Feld und drei Weisen aus dem Morgenland wird Weihnachten zum Fest des Land-Wirtens und der Nachhaltigkeit.

Wer nicht an die Kinder denkt, denkt nicht weit!

Erntedank

Gott, unser Schöpfer, jeder Bissen Brot, jedes Blatt
Salat, jeder Schluck Milch, jede Süssigkeit kommt
von der Erde – von dir. Von dir hangen wir ab –
heute und in Zukunft.
Wir bitten dich um gerechten Lohn für die Menschen,
die mit der Erde und auf der Erde arbeiten:
die Bäuerinnen und Bauern. Wir bitten um gerechten
Lohn für alle, die für unser tägliches Brot arbeiten:
die Bäcker, die Verkäuferinnen, die Chauffeure,
Köche und Servicefachangestellten.

Christus, Wasser des Lebens: schenke den Stimmen
der Schwachen und der Minderheiten die Durchset-
zungskraft des Baches, der Hindernisse überwindet
und stetig seinem Ziel zueilt. Lass uns im Miteinander
die sprudelnde Kraft für die Zukunft entdecken.
Lass uns mit Respekt den vielen stillen Wassern
dieser Erde begegnen: den Teichen und Seen, den
Menschen und ihren Gemeinschaften.

Lass uns Sorge tragen zum Klima dieser Erde und
zum Klima unter den Menschen. Wir bitten dich für
die, die im Gegenwind stehen: gib ihnen Standhaftig-
keit und Beweglichkeit, um die Richtung ihres Weges
neu zu prüfen.

Gott, heiliger Geist, wir bitten dich um das Feuer
der Begeisterung für Beruf und Familie. Gib uns die
Energie, uns von überholten Vorstellungen zu trennen. Bewahre uns vor dem Ausbrennen im Alltag und
lass uns im Kreuzfeuer der Kritik nicht untergehen.
Segne uns mit der freundschaftlichen Wärme allem
Lebendigen gegenüber.

Heiliger, dreieiniger Gott,
aus deiner Hand empfangen wir Tag um Tag.
Amen.

Thesen und Fakten

zum Grundsätzlichen (vgl. S. 10–27)

- Die vier Elemente Erde, Wasser, Licht und Luft sind Grundelemente des Lebens. Diese vier Elemente bestimmen den Aufbau dieser Ethik.
- Nach dem christlichen Glauben sind die vier Elemente nicht göttlich, sondern von Gott geschaffen.
- Die vorliegende Ethik ist ökumenisch ausgerichtet. „Ökumene" kommt vom griechischen Wort „Oikos" = Haus. Vom gleichen Wort leitet sich das Wort „Ökologie" ab. Ökumenisch und ökologisch denken und handeln heisst: haushalten.

- Zum Menschsein gehört Verwurzelung: hier bin ich zuhause – in diesem Beruf, in dieser Kultur, in dieser Familie, in dieser Landschaft, in dieser Stadt.
- Die „Ethik zwischen Natur und Markt" ist ökumenisch und ökologisch ausgerichtet. Sie fragt nach den Auswirkungen ihrer Haltung auf andere Berufe, Völker und Länder.
- Die „Ethik zwischen Natur und Markt" betrifft nicht nur die Bäuerinnen und Landwirte, sondern alle, die „mit dem Land wirten". Darunter verstehen wir Menschen, die „so leben und arbeiten und so die Freizeit gestalten, dass viel Raum bleibt für das Lebendige: die Natur und ihre Gestaltung, Tiere und Pflanzen. Das Lebendige hat seinen eigenen Rhythmus; sich um Lebendiges zu kümmern, ist zeitlich aufwendig."
- Wer „mit dem Land wirten" will, ist auf die Landwirtschaft angewiesen.
- Nichts ist so beständig wie der Wandel. Das ist nicht neu und gilt auch für das Wirten mit dem Land und die Landwirtschaft.
- Ethik fragt: was ist gut? Was ist zu tun? Ethik fragt nach Gut und Böse in den Menschen, zwischen den Menschen und in den Strukturen von Wirtschaft und Politik.
- Ethik setzt Leitplanken – zum Schutz des Menschen, seiner Mitwelt und seiner Nachkommen.
- Das Wirten mit dem Land bewegt sich im grossen Spannungsfeld zwischen Natur und Markt.

zum Element Erde (vgl. S. 32-57)

- Der Mensch ist von seiner biblischen Bestimmung her erdverbunden.
- Der Mensch lebt auf der Erde, von der Erde und wird wieder zu Erde.
- Erdverbundenheit und Menschlichkeit sind aufeinander bezogen.
- Schon im Garten Eden ist die Pflege des Gartens ein göttlicher Auftrag.
- Die technisierte und digitalisierte Gesellschaft braucht Verbindungsleute zur Erde.
- Fruchtbares, bebaubares Land ist begrenzt und bedroht. Es wird immer weniger.
- Nicht ex- oder importieren lassen sich: Erholungsraum, Heimat, soziale Sicherheit und gesunde Umwelt.
  Das Wirten mit dem Land steht für diese Werte ein.

- Wirten mit dem Land trägt Sorge zur Fruchtbarkeit des Bodens und ist auf eine nachhaltige Bewirtschaftung bedacht.
- Wo der Mensch lebt, gestaltet er die Natur. Unsere Landschaft ist bis in die Bergregionen hinauf eine Kultur-landschaft. Sie ist auf Menschen, die mit dem Land wirten, angewiesen.
- Das Wirten mit dem Land berücksichtigt den Rhythmus der Jahreszeiten. Industrie und Ökonomie versuchen, sich davon unabhängig zu machen.
- Tiere sind Mitgeschöpfe. Sie sind der menschlichen Fürsorge anvertraut. Das ist der Sinn von gesetzlichen Vorschriften zur artgerechten Haltung. Beim Kauf und Konsum von Fleisch soll artgerechte Tierhaltung hono-riert werden.
- Mit Recht erwartet unsere Gesellschaft von der Land-wirtschaft eine naturnahe Bewirtschaftung. Die gleiche Bewirtschaftung muss man auch bei den öffentlichen und privaten Gärten, Parks und Anlagen erwarten dürfen.
- Für ihr Wirten mit dem Land erhalten die Bauernfamilien eine verdiente „Ausgleichszahlung". Das ungebräuchliche Wort „Ausgleichszahlung" ziehen wir dem gebräuchlichen Wort „Direktzahlung" vor, denn es wird eine erbrachte Leistung finanziell mehr oder weniger ausgeglichen.

zum Element Wasser (vgl. S. 58-75)

- Wasser ist die Quelle des Lebens. Das Wasser ist ein Geschenk des Schöpfers.
- Wasser lädt zum Meditieren ein.
- Ohne Wasser gibt es kein Leben. Das Wasser ist in einem ständigen Kreislauf. Der Mensch gehört in diesen Kreislauf.
- Die Schweiz hat einen kostbaren Rohstoff: reichlich Süsswasser. Sie ist das Wasserschloss Europas.
- Verantwortungsbewusste Landwirte und Forstwarte sind Hüter im Wasserschloss.
- Wasser kann tödlich sein. Gut bewirtschafteter Wald und gut kultivierte Böden können Wasser speichern und dosiert abgeben.

- Wer mit dem Land wirtet, ist direkt abhängig vom Wasser. Regen und Sonnenschein folgen ihren eigenen Gesetzen und kümmern sich nicht um Marktgesetze.
- Wasser spielt eine wichtige Rolle im Freizeitmarkt: Schwimmen, Skifahren etc. Auch hier bestehen Konflikte zwischen Natur und Markt.
- Wer zuverlässig Dienst im Wasserschloss leistet, verdient eine Ausgleichszahlung.
- Der Hüterdienst im Wasserschloss (Europas) muss noch besser honoriert werden.

zum Element Licht (vgl. S. 76-95)

- Das Licht steht am Anfang der Schöpfung. Die Naturwissenschaft spricht vom Urknall.
- Licht lädt zum Meditieren ein.
- Ohne Licht gibt es kein Leben. Sonnenlicht ist die Energiequelle für die Erde. Die Pflanze kann die Licht-Energie speichern und so für Mensch und Tier zugänglich machen.
- Ohne das tägliche Brot fehlt dem Menschen die Energie zum Leben. Millionen von Menschen fehlt das tägliche Brot.
- Verantwortungsbewusstes Wirten mit dem Land ist mit Hand-Arbeit verbunden und achtet auf den Nährstoffkreislauf. Industrielle Arbeit dagegen ist vorwiegend auf Automation ausgerichtet und auf nicht erneuerbare Energie angewiesen.

- Landwirtschaft liefert viele nachwachsende Rohstoffe. Der freie Markt dagegen bevorzugt die nicht erneuerbare Energie, weil sie kurzfristig billiger ist.
- Zur nachhaltigen Landwirtschaft gehört eine Nährstoffbilanz – ein sorgfältiges Haushalten mit den eingesetzten Energien.
- Natürliches Licht ist mit Zeit verbunden (Jahreszeiten, Tageszeiten). Wer mit der Natur arbeitet, lebt damit und richtet sich danach. Marktgesetze versuchen, sich darüber hinwegzusetzen.
- Im gemästeten und geschlachteten Tier ist viel Energie gespeichert, die dem Menschen zugute kommt. Es ist darum sinnvoll, vom Schlachttier so viel als möglich zu verwerten. Die Entsorgung von Schlachtabfällen ist aufwendig. Wer nicht nur die edelsten Stücke konsumiert, hilft der Umwelt.
- Direktzahlungen sind ein Ausgleich für die Leistungen im nachhaltigen land-wirtlichen Energiehaushalt.

zum Element Luft (vgl. S. 96–115)

- Der Mensch braucht Luft und Geist, um lebendig, beseelt zu sein. Luft und Geist sind Geschenke Gottes.
- Bewusst Luft einatmen, Luft ausatmen – lädt zum Meditieren ein.
- Mensch und Tier auf der einen Seite, die Pflanzen auf der andern Seite brauchen einander für den Kohlendioxid-/Sauerstoffaustausch.
- Auch der Boden muss atmen können. Das erfordert sorgfältige Bewirtschaftung.
- Wer regionale Produkte konsumiert, leistet einen Beitrag zur Reinerhaltung der Luft: weniger Transportkilometer der Waren.
- Die Klimaveränderung wird in der Wissenschaft nicht mehr bestritten. Ihre Folgen sind verheerend. Elementarschäden nehmen zu. Darauf reagiert sogar der Markt (Versicherungen!).
- Die landwirtschaftliche Arbeit wird oft wie Luft behandelt: sie wird unter Druck gesetzt, bis ein Sturm ausbricht.

- Nachhaltigkeit zeigt sich auch in der Gestaltung der Ferien. Viele Bauernfamilien bieten Ferien auf dem Bauernhof an, können sich selber aber kaum Ferien leisten.
- Ein grosser Teil der Bevölkerung verpflegt sich auswärts. Eine echte ökologische Haltung wird bei der Menuwahl sichtbar.
- Der Nahrungsmittelmarkt ist in unserer Gesellschaft unter starkem Preisdruck. Der Preisdruck wird vom Konsumenten über die Grossverteiler und den Handel weitergegeben bis zu den Bauernfamilien. Sie sind zuunterst in der Produktionskette und können den Druck nicht mehr weitergeben. Das nimmt ihnen den Atem.

zum Blick in die Zukunft (vgl. S. 116-151)

- Zu grosse Macht zerfällt unter ihrem Eigengewicht. Mächtige kommen und gehen, die Landwirte säen und ernten von Generation zu Generation.
- Gentechnik ist ein Eingriff in die Natur. Seit Urzeiten greift der Mensch in die Natur ein. Kritische Fragen sind angebracht.
- WTO: Regeln für den Handel sind nötig, weil ohne sie das Recht des Stärkeren gilt. Ökologische und soziale Aspekte gehören unbedingt in die Regelung hinein.
- Die gesellschaftlichen Entwicklungen machen auch vor den Bauernfamilien nicht Halt: sie treffen sie nicht nur im familiären, sondern auch im beruflichen Bereich.
- Familienbetriebe gibt es nicht nur in der Landwirtschaft. Sie pflegen Werte, die in unserer mobilen Gesellschaft in Gefahr oder verloren sind.
- Der Familienbetrieb ist kein Auslaufmodell, sondern nimmt viele gesellschaftliche Probleme konstruktiv auf.
- Die Hofnachfolge ist auf Nicht-Familienmitglieder auszuweiten. Dieses Tabuthema muss dringend aufgegriffen werden.
- Bäuerin/Landwirtin, Bauer/Landwirt – das sind Berufe, keine Jobs.
- Bauernfamilien bilden heute eine kleine Minderheit. Die Minderheit muss sich ihrer Situation bewusst sein. Dann kann sie ihre Chancen zu nutzen und die Gefahren sehen.

- Stadt und Land leben in einer fruchtbaren Spannung.
  Sie müssen ihre Probleme miteinander lösen.
- Hektik belastet heute viele Menschen. Ent-Schleunigung
  ist nötig. Wer mit dem Land wirtet, ist ein Pionier der
  Entschleunigung.
- Gutes Wirten mit dem Land ist die beste Lebensversiche-
  rung für unsere Gesellschaft.
- In der Natur ist alles begrenzt, kontingentiert. Kontin-
  gentierungen im Landwirtschaftsmarkt sind nur die
  marktwirtschaftlichen Entsprechungen eines natürlichen
  Phänomens.
- Der Agrarmarkt hat Eigenheiten, die dem freien Markt
  fremd und unverständlich sind.
- Lebensmittel sind Mittel zum Leben.
  Sie müssen so billig sein, dass die ganze Bevölkerung
  sich gesund ernähren kann.
  Lebensmittel müssen so teuer sein, dass es sich lohnt,
  sie zu produzieren.
- Ethik zwischen Natur und Markt verlangt vielseitige
  Kommunikation.
- Eine echte nachhaltige Wirtschaftspolitik denkt – statt
  kurzfristig – an die Kinder und Kindeskinder.
- Das Nachdenken über die Elemente des Lebens führt
  zum Dank.

Quellenangaben

S. 17 Eigene Definition in Anlehnung an Moos, S. 1

S. 25 2. Mose 20,1-17

S. 27 Vgl. EKD (41)

S. 28 Mit dem Land wirten: Eigene Definition in Anlehnung an Moos, S. 1

S. 28 Landwirt/Bäuerin: Wirz, S. 20-23

S. 28 Nachhaltig: www.proclim.unibe.ch/klima-portal

S. 29 Ökologie: Definition von Ernst Haeckel 1866 in Heinrich, Einleitungsseite

S. 30 Standardarbeitskraft: Wirz, S. 139

S. 43 Agrarbericht 2002, S. 112

S. 47 Wirz, S.514

S. 57 Agrarbericht 2002, S. 18

S. 61 Joachim Neander, 1680, Ref. Gesangbuch 530,5

S. 63 Heinrich, S. 21 und 40-41

S. 67 Angaben nach Bundesamt für Umwelt, Wald und Landschaft www.buwal.ch, Schutzgemeinschaft Deutscher Wald zum Internationalen Jahr des Wassers 2003, www.sdw.de

S. 69 nach: Schriftenreihe der Vereinigung Deutscher Gewässerschutz e. V. Band 59/1994, auf Homepage Schutzgemeinschaft Deutscher Wald zum Internationalen Jahr des Wassers 2003.

S. 79 Gerhard Tersteegen 1729, Gesangbuch 162,5

S. 81 Heinrich, S. 40-41

S. 87 Bioethanol: NZZ 31.5.03, S. 16

S. 89 Wirz, S. 490ff

S. 93 nach Angaben Centravo AG, Lyss, Schweiz

S. 99 Gerhard Tersteegen, 1729, Gesangbuch 162,4

S. 101 Heinrich 62f
Angaben Schweiz. Fachstelle für Zuckerrübenanbau, Aarberg

S. 105 Homepage www.are.ch

S. 107 Alpmedia Hintergrundbericht März 2002, S. 5

S. 117 Vgl. EKD (62) –(65)

S. 119 Vgl. Arbeitsgemeinschaft Swissaid..., S. 11,13
Turmbau zu Babel: 1. Mose 11,1-9
Speisung der Fünftausend: Matthäus 14,13-21

S. 121 Vgl. Arbeitsgemeinschaft Swissaid..., S. 17
Agrarbericht 2002, S. 17

S. 123 Schweizer Bauer 10.9.2003 nach Angaben FAT

S. 127 Vgl. EKD (46)

S. 133 Popp S. 15, Agrarbericht 2002, S. 76

S. 139 Eidg. Finanzverwaltung www.efv.admin.ch
Arbeitsgemeinschaft Swissaid..., S. 11

S. 147 Reinhold Niebuhr, Gesangbuch 844

S. 149 EKD (43)

S. 151 Aus dem Erntedankgottesdienst vom 6.10.02 an der Expoagricole in Murten, SRAKLA-Dokument

Literaturangaben

Agronom und Christ, Schöpfungsgemässe Landwirtschaft, VBG-Manuskript 1/96

Arbeitsgemeinschaft Swissaid..., Positionspapier zur internationalen Agrarpolitik, 2003

Bibel, Gute Nachricht, 1982

Bundesamt für Landwirtschaft, Agrarbericht 2000, 2001, 2002

Bundesamt für Landwirtschaft, „Quantitative Bewertung der externen Effekte der schweiz. Landwirtschaft", eine Studie von Gonzague Pillete, Nicole Zingg und David Maradan

EKD Evangelische Kirche in Deutschland, Neuorientierung für eine nachhaltige Landwirtschaft, Gemeinsame Texte 18, 2003

Evangelisches Bauernwerk in Würtemberg, Stellungnahme des Arbeitskreises Agrarpolitik unter dem Titel: Zukunftssicherung unserer Landwirtschaft, 2003

Füssel Kuno/Segbers Franz, „....so lernen die Völker des Erdkreises Gerechtigkeit". Ein Arbeitsbuch zu Bibel und Ökonomie, 1995

Gerster Richard, Globalisierung und Gerechtigkeit, 2001

Gesangbuch der Ev.-reformierten Kirchen der deutschsprachigen Schweiz, 1998

Greenpeace, Ernährung sichern, 2001

Hawking Stephen, Das Universum in der Nussschale, 2001

Heinrich Dieter/Hergt Manfred, dtv-Atlas Ökologie, 5. Aufl.2002

Hillel Daniel, Out of the Earth, Civilization and the life of the Soil, 1991

Küng Hans, Projekt Weltethos, 1990

Moos-Nüssli Edith, LID, „Externe Effekte der Landwirtschaft" Dossier Nr. 374, 1999

Moser Peter, Der Stand der Bauern. Bäuerliche Politik, Wirtschaft und Kultur gestern und heute, 1994

Popp Hans, Das Jahrhundert der Agrarrevolution. Schweizer Landwirtschaft und Agrarpolitik im 20. Jahrhundert, 2000

Raiser Konrad, Antworten auf die Globalisierung, in „auftrag spezial" von mission 21, Juni 2003

Reheis Fritz, Die Kreativität der Langsamkeit. Neuer Wohlstand durch Entschleunigung, 2. Aufl.,1998

Rich Arthur, Wirtschaftsethik I und II, 1984

Rösener Werner, Die Bauern in der europäischen Geschichte, 1993

Schumacher E.F., Small is beautiful, 1974

Stückelberger Christoph, Ethischer Welthandel.
  Eine Übersicht, 2001

Ulrich Peter, Der entzauberte Markt. Eine wirtschaftsethische
  Orientierung, 2002

Wirz Handbuch, Betrieb und Familie, Pflanzen und Tiere, 2003

**Schweizerische Reformierte Arbeitsgemeinschaft Kirche und
Landwirtschaft SRAKLA**

Sorgentelefon für Bäuerinnen, Bauern und ihre Angehörigen
der deutschsprachigen Schweiz
Sorgentelefon CH – 041 820 02 15
www.bauernfamilie.ch
www.landwirtschaftliche-familienberatung.de